歴史文化ライブラリー
29

執権時頼と廻国伝説

佐々木馨

吉川弘文館

原則として、初版で掲載した口絵は割愛しております。

目次

時頼廻国伝説の謎と二つの疑問

1

教科書的に北条時頼《ときより》（一二二七〜六三）のプロフィールを紹介すれば、父時氏《ときうじ》、母松下《まつした》禅尼《ぜんに》の次男、泰時《やすとき》の孫として出生し、宝治《ほうじ》元年（一二四七）には、幕府草創期からの重臣である三浦氏を討滅する一方、建長元年（一二四九）には、引付衆《ひきつけしゅう》を設置して裁判の敏活を図るなど、幕政の発展に貢献した五代執権《しっけん》ということになる。

が、この時頼は、その実、こんな人物でもあったと紹介したらどうであろうか。

故時頼の朝臣《あそん》は康元元年に頭をおろして後、しのびて諸国を修行しありきけり。それも国々のありさま、人の憂《うれい》など詳しくあなぐり見聞かむの謀《はかりごと》にてありける。あやしのやどりに立ち寄りては、その家主が有様を問ひ聞き、ことわりある憂へなどの、うづもれたるを聞きひらきては、「われはあやしき身なれど、昔よろしき主をもち奉りし、未だ世にやおはすると、消息奉らん。もてまうでて聞き給へ」などいへば、「なでふ事なき修行者の、何ばかりかは」と思ひながら、いひあはせて、その文を持ちて、あづまへ行きて、しかぐ〳〵と教へしまゝにいひて見れば、入道殿の御消息なりけり。「あなかま〳〵」とて、永くうれへなきやうにはからひつ。仏神などのあらはれ給へるかとて、皆額《ぬか》をつきて悦びけり。かやうの事、すべて数知らずありし程に、国々も心づかひをのみしけり。最明寺《さいみようじ》の入道とぞいひける。

少し冗長の引用になったが、これは他でもなく、『増鏡《ますかがみ》』第九、「草枕」の一文である。時頼はお忍びで諸国を行脚《あんぎや》し、憂える民の心の内を聴き届けたのち、書状を出して、その苦境を神や仏のように、救ってくれたというのである。

この『増鏡』の一文を見て、おそらく多くの人は、かの「水戸黄門」のことを想い起こされたに相違ない。

これまで、国民の間に根強い人気を博してきた「水戸黄門」のような人物が、この中世に存在していたのである。文字通り、時頼は年若き「中世の黄門」だったのである。

この時頼の「しのびて諸国を修行」する「微行《びこう》」という名の「廻国」は、古くから『太平記』は史学に益なし」と同じ論調で、虚構か史実かと大きく揺れ動いてきた一大命題であった。

一般に、時頼は武将として、地頭《じとう》よりも領家・農民を、惣領《そうりょう》よりも庶子《しょし》をという具合に、弱者の救済に力点を置いたため、広く善政と謳歌され、祖父の泰時と並んで幕政史上に、中興の仁政とも評される。

善政にして仁政の人・時頼の「廻国」は、果たして、虚構だろうか、それとも史実だろうか。

執権時頼の「廻国」は、なんとも神秘の謎に包まれた古くて、新しい命題であることか。いっぽう、時頼の足跡を鎌倉幕府の正史『吾妻鏡《あずまかがみ》』にたどれば、こんな奇妙な仏教史的事実に出くわす。

時頼は異常ともいえるほど、幕府の宗教センターたる鶴岡八幡宮別当の隆弁《りゅうべん》と建長寺開山の蘭渓道隆《らんけいどうりゅう》に対して深く帰依し、彼らを重く用いたという事実である。

この事実は、時頼がなぜそんなに隆弁や道隆を重用したのかと、翻って思うとき、私たちにとって、大きな疑問ともなる。

隆弁や道隆を重用する反面、時頼は「法華経の行者」日蓮《にちれん》の国諫《こっかん》の書ともいうべき『立《りっ》正安国論《しょうあんこくろん》』を、無惨にも却下し、日蓮を弾圧した。

時頼はなぜ、あれほどまでに日蓮を排しなければならなかったのか、という点もまた、時頼をめぐる大きな疑問である。

大ざっぱに、紹介しただけでも、執権時頼を語るとき、私たちは神秘的な謎と不可解な疑問にとりつかれる。これは、逆からいえば、それだけ時頼なる人物は、歴史上の人物として、魅惑的なのである。

時頼は、本当に「廻国」したのだろうか。

時頼は、なぜ、隆弁と道隆を重用し、日蓮を弾圧したのであろうか。

この謎と疑問を解き明かすことは、そう容易なことではないが、次のようなアプローチで「廻国」の謎と、二つの疑問に応えてみることにしよう。

まず、時頼の謎の「廻国」について。

時頼といえども、「時代の子」である。したがって、その謎解きには、どうしても、鎌倉時代の政治と宗教の構造的関係と鎌倉幕府の宗教政策の究明を欠かすことはできない（第一章）。

その上で、時頼を「廻国」へと向かわせた彼の内面の世界（第二章）および時頼を「廻国」へと誘なった当時の歴史的・宗教史的な条件（第四、五章）が問われなければならない。

このような前提を踏まえたのち、その「廻国」が虚構か史実かについて、アプローチしたい（第六章）。

次に、二つめの疑問について。

これについても、やはり、鎌倉時代の政教関係と幕府の構想する宗教世界に対する眼配り（第一章）と執権時頼の仏教に対する理解の仕方が問われなければならない（第二、三章）。その結果として、隆弁と道隆の重用と日蓮の排除の理由が導き出されることになる。

こうした謎解きと疑問に対する解答を通して、執権時頼が、「中世の黄門」として、「廻国」したことの歴史的意味が一個人の事蹟をはるかに超えて、幕府の宗教的祭祀権の行使ともいえる東国経営の中世的ありよう、さらには、今なお揺れ動く中世国家論のありようについても、少しく遠望できるのである（第七章）。

宗教から見た鎌倉時代

鎌倉仏教論の軌跡

六世紀の半ば、異文化として日本に受容された仏教が、日本の文化に同化するまでにはほぼ三つの契機があった。時代別にそれを示すと、第一の契機となったのは、私たちの課題とする「いわゆる鎌倉新仏教の誕生」である。

いわゆる鎌倉新仏教の誕生

第二は、近世の幕藩制国家が鎖国制の完遂の一環として採ったかの寺請制による仏教の国教化政策がそれである。このキリシタン排除を目的にした仏教の国教化政策によって、仏教が葬式仏教として、広く国民の間に定着していった。

第三の契機は、近代天皇制国家による明治五年（一八七二）の「教部省―教導職」の設置である。周知の通り、明治初年の神仏分離→廃仏毀釈運動の嵐により、仏教界は一時、「冬の時代」を余儀なくされていた。

が、この「教部省－教導職」の設置を通して、仏教界も神道が主導する近代天皇制の推進に参画することとなり、ここに仏教界は再び国民の生活に密着するに至ったのである。

この三つの契機を類別的にみると、一つ目は紛れもなく、思想的契機であり、二つ目と三つ目は、どちらかといえば、政治的契機と言えよう。

その中にあって、「いわゆる鎌倉新仏教の誕生」は、異文化としての仏教が同化する上で、唯一、思想的契機となった、日本思想史上における仏教の一大革新運動だったのである。

この革新運動が、踵《きびす》を接すかのように登場した、法然《ほうねん》・栄西《えいさい》・親鸞《しんらん》・道元《どうげん》・日蓮そして一遍《いっぺん》に代表される六名の宗祖による創唱運動であったことは、改めていうまでもない。六名の宗祖はそれぞれに、己れの宗教課題に即した宗教実践を展開し、そこに新たなる一宗派を興こしたのである。そのごく簡単な要約を、次に見てみることにしよう。

浄土宗の開祖の法然（一一三三～一二一二）は、自ら善導の『観経疏《かんぎょうのしょ》』によって開眼し、源信《げんしん》の『往生要集《おうじょうようしゅう》』により専修念仏《せんじゅねんぶつ》への帰入を決意し、鎌倉新仏教のさきがけをなした。

法然が異文化たる仏教を同化する上で果たした最大の功績は、主著『選択本願念仏集《せんちゃくほんがんねんぶつしゅう》』を著わし、その中で、「称名念仏《しょうみょうねんぶつ》」のみを本願に相応する正定業《しょうじょうごう》（仏によって選定された行）とし、それ以外の持戒・観想の行を助業《じょごう》、雑業《ぞうごう》と規定した点であろう。

この法然の導いた称名念仏の道は、浄土真宗の祖の親鸞（一一七三〜一二六二）によって、なお一層深化されていった。「愚禿《ぐとく》親鸞」が教え示した弥陀の本願の前には、善人か悪人かの区別はなく、信心の有無だけが往生の決定条件であることを原理とする「悪人《あくにん》正機説《しょうきせつ》」は、自力でもない他力でもない「不撰の選」という絶対他力の世界に通底する教えである。

この親鸞の「悪人正機」「絶対他力」の教えは、形を変えながらも、時宗《じしゅう》の一遍（一二三九〜八九）にも流れていた。つまり、一遍は、熊野権現の神託を得て「信不信をえらばず、浄不浄をきらはず」念仏の札を配る賦算《ふさん》の行を自らの宗教課題と決し、その念仏を勧めて全国を巡歴（遊行）したことは、人のよく知るところである。

入宋して臨済宗を将来した栄西（一一四一〜一二一五）、同じく曹洞宗を輸入した道元（一二〇〇〜五三）も、異文化たる仏教の同化に大きな思想的契機を提供した。栄西の臨済禅に寄せる鎌倉幕府の要路者の期待は尋常ではなく、幕府の宗教世界の屋台骨を形造るほどであった（後述）。

越前の山間、永平寺でひたすら曹洞の純粋禅に打ち込み、門人に厳しく出家主義を説いて、理想的な僧団の形成につとめた道元もまた、仏教の日本化に深く関わったことは、言うをまたない。

日蓮宗の開祖日蓮（一二二二～八二）もまた、天台宗の復興を期しながら、元寇の前後に、『立正安国論』に拠る独自の「法華経の行者」としての実践を、幕府の内外に展開した。

以上、六名のいわゆる鎌倉新仏教者が首唱した仏教の革新運動の共通した宗教課題を一言にして要約すれば、それは「仏教の専修化」ということになる。六名の宗祖は、その表現の差こそあれ、一様に、仏教の易行化と庶民化を、「仏教の専修化」の中に求めていったのである。

法然・親鸞・一遍の念仏宗徒にとっての「仏教の専修化」とは、「称名念仏」の絶対他力的な実践であろうし、栄西・道元にとってはひたすらなる禅定の行としての「只管打坐《しかんたざ》」であろうし、日蓮にとっては「南無妙法蓮華経」の「専持題目」の宣布であった。

この新仏教者による「仏教の専修化」の営みこそが、異文化たる仏教が日本に同化する最初にして最後の思想史的な契機であったのである。

日本の宗教改革

仏教の日本化の上で画期的な意味を持ったこの鎌倉新仏教の革新運動に対して、初めて本格的な研究のメスを入れたのは、明治末年に発表された原勝郎《はらかつろう》の「東西の宗教改革」（『日本中世史の研究』所収）であった。原は明治期の史学界が、西欧との比較を通して日本を理解しようとする傾向を受けて、鎌倉新仏教運動＝日本の宗教改革という、比定的な視角から日本の鎌倉新仏教を捉えようとしたのである。

当時にしてみれば、最も斬新なこの試みはやがて、例えば服部之総《はっとりしそう》の「日本における宗教改革の神学的前件」（『親鸞ノート』所収）のなかなどに継承・深化されていった。しかし、昭和十〜二十年代の前半に入ると、この鎌倉新仏教運動＝宗教改革という、いわば直移入された図式に対して、疑義が呈されるようになった。石母田正《いしもだしょう》の『中世的世界の形成』や永田広志《ながたひろし》の『日本封建制イデオロギー』などがそれである。

両氏は異口同音に、その図式の導入には、西欧と日本との間に余りにも埋めがたい時代的ないし風土的断層・ズレがあることを指摘したのである。

このように史学界が、鎌倉新仏教＝宗教改革という図式に対して疑問を投じたことは、とりもなおさず、みずからに、鎌倉新仏教における日本的なあり方はなにかを課題として設定したことを意味していた。

その課題は、平安時代の教理史と広義の社会文化史の二領域から解明されていった。前者の教理史の面は主として、中古天台宗教学の本覚思想と鎌倉新仏教との関連を探ることによって、鎌倉新仏教の易行化・庶民化を明らかにしようとした。島地大等《しまじたいとう》の『日本仏教教学史』や硲《はざま》慈弘『日本仏教の開展とその基調』そして田村芳朗『鎌倉新仏教思想の研究』がそれである。

後者の社会文化史の面からのアプローチをリードしたのは、橋川正の『日本仏教文化史の研究』で、彼は平安仏教と鎌倉新仏教との系譜的な連続性に着目し、聖、沙弥《しゃみ》→法然、親鸞、持経者→日蓮の誕生を考えようとしたのである。

鎌倉新仏教の思想史的源流を平安後期の院政時代に探ろうとするこの「思想史的系譜論」ともいうべき、前の「宗教改革論」につぐ第二の方法論が提示されていた頃、じつは第三の方法論も同時に進行していた。

それは他でもなく、服部之総の『親鸞ノート』を契機にした、鎌倉新仏教の宗祖とその門弟の社会階級の所属は何かを問わんとする「社会的基盤論」であった。

一、二具体例を挙げれば、法然の社会的基盤をめぐって、田村円澄の『日本仏教思想史研究』は下層庶民とし、井上光貞《いのうえみつさだ》の『日本浄土教成立史の研究』は下層貴族説を打ち出した。

親鸞についても、笠原一男の『親鸞と東国農民』と重松明久の『日本浄土教成立過程の研究』が農民説を唱えたのに対し、赤松俊秀《あかまつとしひで》の『鎌倉仏教の研究』は商人説を提出したのである。

この念仏系の「社会的基盤」論争は、当然のように、他宗派にも飛び火した。日蓮の基盤を下級武士に求めた高木豊の『日蓮とその門弟』や一遍の教団形成に目を注いだ吉川清の『時衆阿弥教団の研究』、禅宗の教団を明らかにした鈴木泰山の『禅宗の地方発展』や玉村竹二の『日本禅宗史論集』などがそれである。

このように、明治以後〜昭和戦前期に導入された鎌倉新仏教に関する研究視角は、三つの方法論に示されるように、ことごとく、新仏教者のみに集中するものであった。

この異常とも思える新仏教への偏りを、もっとも的確に指摘したのは、大隅和雄の「文化の総体的把握」(『日本史研究入門Ⅲ』所収)なる高論であった。鎌倉仏教の「新」と「旧」を分かたずに、歴史の総体として捉える必要性を強調されたのである。

新仏教のみに偏ることの非、宗派単位ごとに傾くことの非を知りつつも、隔靴掻痒の思いで鎌倉仏教の総体的把握は勿論のこと、中世宗教史の総体的研究を希求していたこの時期に、さっそうと登場したのが黒田俊雄の『日本中世の国家と宗教』であった。

「顕密体制論」の登場

中世宗教史の総体的研究とも言える黒田の「顕密《けんみつ》体制」論とは、どのような内容であろうか。

この「顕密体制」論は、黒田自身、提唱していた「権門《けんもん》体制」論――石母田正らを中心にした階級闘争論ともいうべき武家発展史観に基づく、いわゆる「領主制」論に対峙する形で提示し、権力機構論＝制度的観点に立って、公家・社寺・武家という支配階級内部の職能分担関係を構造的に捉えた学説――をベースにして構築されたものである。

その意味で、「権門体制」論を社会構成体論とするなら、この「顕密体制」論はその宗教史論であり、あたかも両者は、姉妹編の関係であった。

この「顕密体制」論の概念とは、いかなるものか、直接、黒田に聴いてみよう。

密教による統合が進行する九世紀段階では、顕密の勝劣が問題の主たる側面であったが、一〇世紀以後の浄土教の発達のなかでの天台宗の主導的活躍によって、一一世紀には顕密の一致・円融あるいは相互依存的な併存を最も妥当なものとみなす体制が確認されることになったといえる。

このような顕密の併存体制（中略）を「顕密体制」と呼ぶ。（『日本中世の国家と宗教』）

さらに、黒田の次の説示にも耳を傾けてみよう。

顕密主義こそが中世宗教の根幹をなす正統的なものであり、いわゆる新宗派など諸々の革新運動は、その正統的宗教に対する「『異端』＝改革運動」のさまざまな形とみなすべきだ。（同右）

黒田はこのように、十一世紀に顕著となる顕密仏教の一致・円融を「顕密体制」と規定し、古代以来の天台宗と真言宗の顕密仏教（旧仏教）こそが「正統仏教」であり、鎌倉時代に誕生したいわゆる新仏教は「異端仏教」、というまさに未曽有の宗教構図を提示したのである。

黒田のこの「顕密体制」論の妥当性を考える上で、氏の鎌倉幕府に対する宗教史的評価は参考になるので、この点についても、氏の説明を聴いてみよう。

頼朝にはじまる鎌倉幕府も、その権門としての宗教政策は原則的に公家のそれと異なるものではなかった。（中略）鎌倉幕府は基本的にはあくまでも顕密体制に立脚し、すすんでそれを擁護した権門だったのである。（『日本中世の国家と宗教』）

黒田はこのように、「原則的」と「基本的」と条件付きながらも、鎌倉幕府の宗教政策をあくまでも公家権門と同一と見なした。つまり、幕府を自立した宗教権を行使できる公権力としては認知していないのである。

果たして、この幕府観は、当時の歴史状況からして、正しいものであろうか。

また一方、黒田の「顕密体制」論の中でもう一つ気になる疑点がある。それは、旧仏教＝正統仏教、新仏教＝異端仏教という図式のなかの「正統と異端」概念が、日本中世仏教史の上でどれだけ有効性を発揮できるかという疑問である。

一般に、西欧教会史に典型を持つ「正統・異端」とは、「あくまでも根本を共通にする同一範疇・同一範囲に属する事物相互の対立」（堀米庸三『正統と異端』）を意味する概念であるとされる。

それでは、日本中世仏教史において、新仏教と旧仏教との間に、その「正統・異端」に相当するような教学的対立があったであろうか。

一つの可能性として、人間には、本来的に仏性が内在するという「天台本覚思想」が考えられるが、これとて宗教史的に当時の状況に照らしても、「正統・異端」概念を成立させる程の思想的対立もなかったように思う。

新仏教と旧仏教の間に、「事物相互の対立」状態を求めるとするなら、それは「天台本覚思想」などではなく、仏教の受容以来、常に仏教の対立思想としてあり続けてきた日本に在来する「神祇信仰」をめぐる両者の思想対立である。

こうしてみれば、黒田の「顕密体制」論は、後述するように、天台宗に多くを依存する公家権門の宗教世界には適合する学説ではありえても、鎌倉幕府をも包括しうるかどうかは、いささか疑問である。

とすれば、「顕密体制」論を少し離れて、日本中世の国家と宗教の関係を考える手立てはないのだろうか。

私たちは、その一つの試みとして、新仏教と旧仏教の思想対立をもっとも顕著に示した「神祇信仰」に対する信・不信をバロメーターにして、国家権力と宗教界との位置関係を測る道を示してみることにしよう。

神と仏が作る三つの思想空間

神祇観は「体制」度を測るバロメーター

仏教が異文化として、受容された当初から、神と仏は対立軸を持っていた。がそれでも、その時々の歴史状況によって、「神仏習合」「本地垂迹《ほんじすいじゃく》」の字句が示すように、融和と協調を保ってきたのも、一面事実である。

しかし、そもそも、神と仏はその根源的な世界観において、全く異質のものである。したがって、その思想的対立がいつなんどき顕在化する時期が訪れても、なんら不思議ではない。

その時期がやって来た。鎌倉時代における決定的な神と仏との対立である。

この対立は、表現をかえていえば、神と仏の対立軸を通して、国家権力と宗教との関係ないし位相を描けるほど、鮮明なものであった。

それでは、その典型的な例をいくつか示し、国家権力と神祇信仰との関わりを考えてみることにしよう。

まず第一は、かの『貞永式目《じょうえいしきもく》』第一条に見る鎌倉幕府と神祇信仰との関係である。

　神社を修理し祭祀を専らにすべき事、右、神は人の敬いによって威を増し、人は神の徳によって運を添う。しかればすなわち、恒例の祭祀陵夷いたさず、如在の礼奠怠慢せしむなかれ。

この幕府の宗教世界を規定する金科玉条の「式目」には、神と人との一体感が、神社の祭祀を通して、高らかに詠《うた》われており、そこには神祇信仰に対する疑いなど一点も存しない。幕府にあっては、積極的に神々の祭祀と擁護を至上とし、それを『貞永式目』の第一条に盛り込むことによって、幕府の宗教政策の根幹に据えたのである。

こうした神祇肯定の立場をとるのは、幕府だけであったのだろうか。勿論、そうではない。

浄土宗の開祖・法然の『選択本願念仏集』を糾弾し、その開宗を批判するために筆をと

った旧仏教者・解脱房貞慶《げだつぼうじょうけい》の『興福寺奏状』にも、幕府と同じく、神祇信仰を奉ずる立場を確認できる。その第五条で、貞慶は

念仏の輩、永く神明に別る、権化実類を論ぜず、宗廟大社を憚《はばか》らず、もし神明をたのめば、必ず魔界に堕つと云々（中略）行教和尚、大安寺に帰りて、二階の楼を造りて、上階に八幡の御体を安じ、下階に一切経論を持す。神明もし拝するに足らざれば、如何ぞ聖体を法門の上に安ぜんや。

と、法然らの念仏宗を糾弾《きゅうだん》した。

貞慶は、旧仏教の代表として、行教和尚を例証にしながら、宗廟大社・神明は聖体と同一であり、この聖体と法門は神と仏との関係に他ならないのに、念仏宗の輩は、この神明を拝しないどころか、「もし神明をたのめば、必ず魔界に堕つ」と吹聴していることを厳しく批判したのである。

貞慶のこの神祇観は、東大寺の明恵《みょうえ》などと同じく、当時の旧仏教は勿論のこと、公家社会の神祇信仰に対する考えを代弁するものであったとみて、間違いではない。

してみれば、前の『貞永式目』の第一条が、幕府の神祇観を表明していたことに思いを致すなら、国家権力ないし公権力を担う立場の者は、総じて、神祇信仰を自ら進んで摂取

していたと見なしてよいだろう。その意味で、神祇信仰の信と不信は、「体制」か否かを測る重要な物差しであったのである。

中世にあっては、このように、一方に『貞永式目』第一条や貞慶のような神祇観もあったが、他方では、同じ仏教者とはいえ、次の浄土真宗の開祖親鸞のような神祇観もあった。

　　涅槃経に言はく、仏に帰依せば、終《つい》にまたその余のもろ〳〵の天神に帰依せざれ、
　　（『教行信証』）

とか

　　かなしきや道俗の　良時吉日えらばしめ　天神地祇をあがめつゝ　卜占祭祀つとめとす（『正像末和讃』）

というように、親鸞は日本の神々を拝することを、阿弥陀一仏主義ないし念仏至上主義を構築すべく、徹底的に忌避・排除する「神祇不拝」の立場をとったのである。

ここに、私たちは、一様に「神祇信仰」とはいいながら、この信仰をめぐって、全く水と油に相似た対立的な立場があったことを確認する。

この思想的な対立状況は、当時の仏教者にとって、「天台本覚思想」をめぐる対立の比ではない。当時にあっては、それこそ「事物相互の対立」を如実に示す対立状況であった。

かといって、私たちはこの「神祇信仰」を思想的尺度にして、前の「正統・異端」概念を採って、鎌倉時代の国家と宗教の相関関係を考えるべきではない。

それよりはむしろ、私たちはこの「神祇信仰」を一つの価値基準にして、世俗権力と仏教界がどのように関連していたかを考えるべきである。私はひとつの試みとして、次のように捉えている。すなわち、国家権力＝「体制」と見なし、この「体制」度を「神祇信仰」を物差しにして測り、「正統・異端」概念には拠らずに、「体制」概念による中世国家と宗教との関わりを探ることが可能である、と。その試論とは、こうである。

中世の三つの思想空間

中世の仏教界が、公権力としての国家権力＝「体制」を保持・擁護し、その反対給付として、国家権力側からも保護される関係にめばえる相互依存の宗教的な和合体を「体制仏教」とすれば、この「体制仏教」の世界こそは、「異文化」としての仏教を受容して以来、権力者側が等しく望んできたものであった。この世界は、中世にも当然のように存続していた。それは、一言にしていうなら、前の「神祇信仰」を積極的に信受・摂取することを通して、現実の支配秩序を保とうとする世界であった。

結論的にいえば、この「体制仏教」の世界とは、現実の公武二元支配を反映する、「公家的体制仏教」と「武家的体制仏教」に二分される世界であった。

さらに一歩進めていえば、この「公家的体制仏教」が、黒田氏の提唱された天台宗を中心にした「顕密主義」に彩られていたのに対し、一方の鎌倉幕府の志向する「武家的体制仏教」も、一個の国家権力を担なうにふさわしい独自の宗教論理を構築していた（後述）。

中世の政教関係のなかで、この「神祇信仰」を許容する「体制仏教」を一方の思想の極とすれば、その一方において、「神祇信仰」をあくまでも徹底的に排除し、「体制仏教」と真正面から対峙・対決し合う世界もあった。

法然・親鸞・道元そして日蓮などに代表される、いわゆる鎌倉新仏教者たちの構成する「反体制仏教」の世界がそれである。

この「体制仏教」と「反体制仏教」の世界は、相互に「神祇信仰」をめぐって、信・不信の立場でせめぎ合い、対立し合っていた。

言葉をかえていえば、「反体制仏教」の側は、みづからの「専修の論理」を主張しようとしたのに対し、「体制仏教」の側は、「神祇信仰」を拠り所にして、それを阻止し弾圧する手をゆるめなかったのである。

この対立は、当時の仏教界がくり広げた「今ある姿」を偽りなく反映した平面的にして日常的な態様でもあった。

が、日常的には、このように思想的な対立を辞さない「体制仏教」と「反体制仏教」であっても、両者の人間としての原点は、あくまでも仏教者にある。

彼らは、したがって、本来的には仏教者であるから、仏教者としての「あるべき姿」を求めようとするのは、自然の摂理である。

言うなれば、仏教者である彼らは、「体制仏教」と「反体制仏教」という現実の対立面を止揚したところに、ひとつの理想郷、ひとつの仙境として、現実を超越した世界を希求しようとする。

これが他ならぬ中世における三つ目の思想空間の「超体制仏教」の世界である。

この世界を終始、希求してやまなかった代表者として、俊乗坊重源・西行・一遍そして鴨長明などがいる。彼らにとって、「神祇信仰」の信・不信はさほど問題でなく、信ずるも自由、信ぜざるも自由であった。「神祇信仰」そのものを超越していたからである。

このように、中世国家と仏教の位相を「神祇信仰」を価値基準として、「体制仏教」と「反体制仏教」そして「超体制仏教」という三つの思想空間として捉えることも、そう大過ないだろう。この思想構図を、要約もかねて図式的に示すと、左図のようになる。

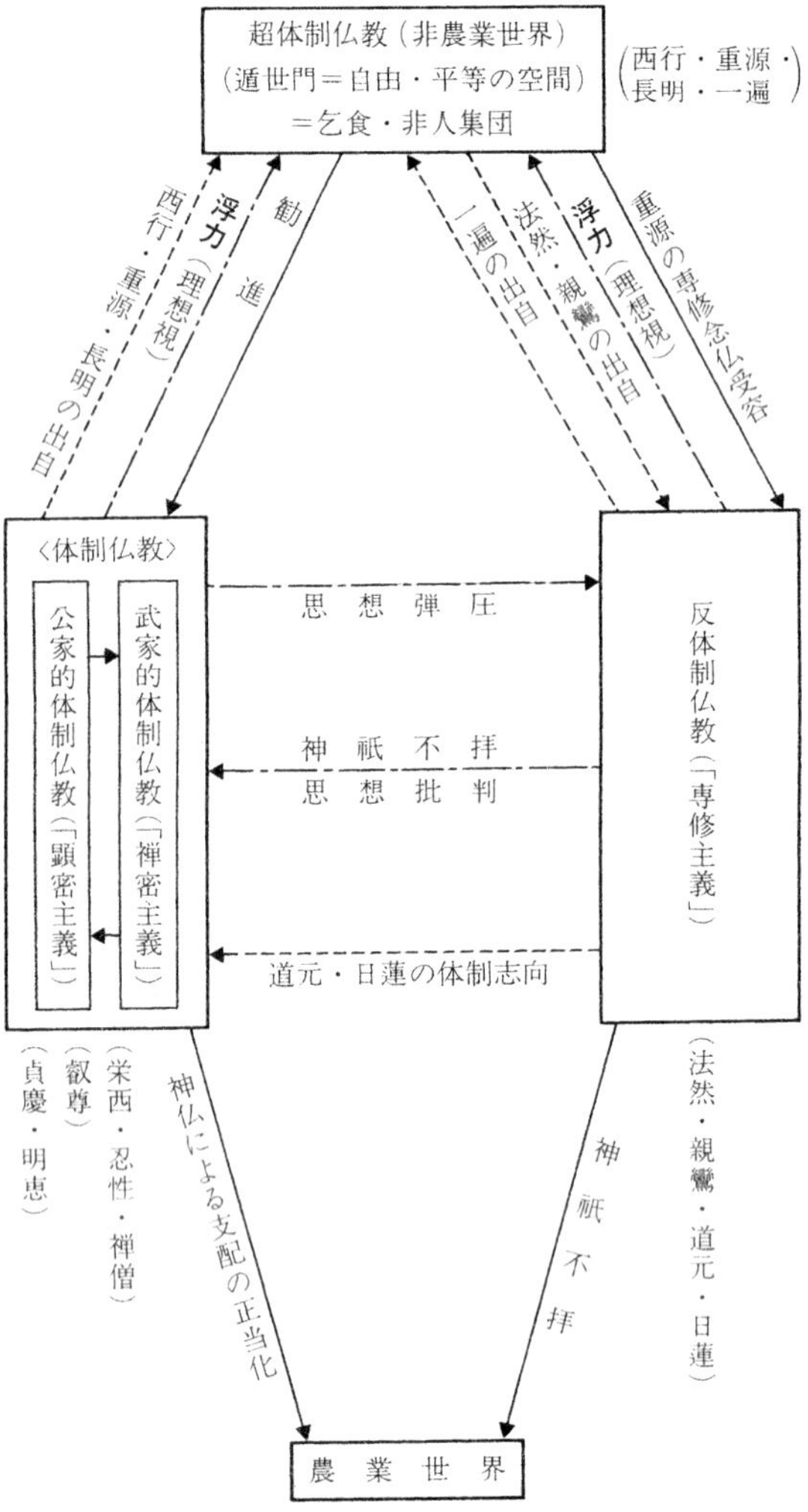
超体制仏教（非農業世界）
（遁世門＝自由・平等の空間）
＝乞食・非人集団
（西行・重源・長明・一遍）
西行・重源・長明の出自
浮力（理想視）
勧進
一遍の出自
法然・親鸞の出自
浮力（理想視）
重源の専修念仏受容
〈体制仏教〉
公家的体制仏教（「顕密主義」）
武家的体制仏教（「禅密主義」）
思想弾圧
神祇不拝
思想批判
道元・日蓮の体制志向
反体制仏教（「専修主義」）
（貞慶・明恵）
（叡尊）
（栄西・忍性・禅僧）
神仏による支配の正当化
神祇不拝
（法然・親鸞・道元・日蓮）
農業世界

中世宗教の基本的構図

鎌倉幕府の宗教世界

幕府が拠って立つ「体制仏教」の世界は、「武家的体制仏教」というものであった。この「神祇《じんぎ》信仰」を積極的にとり入れる「武家的体制仏教」は、「公家的体制仏教」が天台宗を中心とする「顕密主義」に彩られていたのに対し、どのような特色をもっていたのであろうか。

幕府の宗教的祭祀権

わが北条時頼も、五代目執権として、自らもその思想空間に身を置いた「武家的体制仏教」の世界でもある。執権時頼とて、「時代の子」である。彼の生きざまも、当然、幕府がその草創いらい、連綿と営んできた「武家的体制仏教」という宗教路線に大きく規定される。

幕府の正史である『吾妻鏡《あずまかがみ》』に見える各種の宗教儀礼を、源頼朝〜北条政子の時代にわたって通観すると、次の表のようになる。

この表から、幕府の主要な宗教儀礼のほとんどが、頼朝と北条義時・政子の時代にその原型が形づくられたこと、そして営中の儀礼を除く大半の儀礼が何らかの形で、鶴岡《つるがおか》八幡宮で行なわれていたことが読み取れよう。

幕府の宗教儀礼のほぼ大半を、このように、頼朝の代に創立された鶴岡八幡宮と、これを補助する付属的な勝長寿院や永福寺が占めていたことは、とりもなおさず、幕府の宗教行政の基本線が頼朝の宗教儀礼観を基調としていたことを意味する。

頼朝の敷いた宗教路線が、その後、たがうことなく発展的に継承されて、幕府の「武家的体制仏教」の世界が形成されていったのである。

例えば、頼朝の定めた朔旦《さくたん》（正月元旦）の鶴岡宮奉幣《ほうへい》、正月八日の営中の心経会《しんぎようえ》、正月中の伊豆・箱根への二所詣《もうで》、八月十五日の鶴岡八幡宮の放生会《ほうじようえ》などは、鎌倉時代の全期にわたって、幕府の年中行事として挙行され続けた典型的な宗教儀礼である。

この鶴岡八幡宮を中心にして営まれる各種の宗教儀礼には、一定の御家人が「鎌倉殿」に随従した。まさに、そこにはなまの「時代絵巻」がくり広げられていた。

『吾妻鏡』にみる寺院建立の宗教儀礼

年月日	西暦	内容
頼朝の時代		
治承四・一〇・一六	一一八〇	鶴岡若宮の勤行始め
〃四・一二・一六	〃	鶴岡社最勝王経の講讃
〃五・一・一	一一八一	鶴岡奉幣を朔旦と定む
〃五・八・二九	〃	鶴岡に大般若、仁王経の転読
養和二・一・八	一一八二	鶴岡に不動・十一面供養
〃二・八・一五	〃	鶴岡六斎の講演
元暦元・一一・六	一一八四	鶴岡の神楽、円暁京より招請
文治二・一・八	一一八六	営中の心経会
〃二・五・八	〃	営中の薬師経転読
〃二・七・一五	〃	勝長寿院に万灯会
〃三・八・一五	一一八七	鶴岡放生会
〃四・一・二〇	一一八八	伊豆・箱根・三島社参詣
〃四・二・一四	〃	鶴岡問答講
建久二・四・八	一一九一	勝長寿院の仏生会
〃二・四・一五	〃	鶴岡にはじめて安居を結ぶ
〃二・四・二六	〃	鶴岡にはじめて八幡宮を勧請

建久二・一二・一八	一一九一	営中に観音経読誦
〃三・一・一	一一九二	鶴岡にはじめて修正会
〃四・一・一〇	一一九三	勝長寿院の修正会
〃五・八・三	一一九四	営中の毘沙門天供養
義時・政子の時代		
正治二・閏六・一五	一二〇〇	勝長寿院の一切経会
建仁元・三・三	一二〇一	鶴岡の一切経会
〃三・三・一五	一二〇三	永福寺の一切経会
元久三・三・一五	一二〇六	営中に天台止観談義を始む
承元二・七・一九	一二〇八	永福寺阿弥陀堂に二十五三昧を修す
〃三・一・一二	一二〇九	鶴岡神宮寺にはじめて修正会
〃三・四・一四	〃	鶴岡神宮寺にはじめて夏安居を結ぶ
建暦三・八・二八	一二一三	鶴岡に百怪祭を行なう
建保二・一〇・一五	一二一四	大慈寺に舎利会を行なう
〃五・九・三〇	一二一五	永福寺にはじめて舎利会を行なう
貞応元・一〇・一五	一二二二	大慈寺の一切経会

そこに、鶴岡八幡宮を結接点にして切り結ばれる、将軍と一般御家人との精神的・宗教的一体の、息吹きを感じとることは、そう困難なことではない。

言うなれば、幕府にとって、鶴岡八幡宮は一種の「宗教センター」であったのである。前に指摘した幕府が「神祇信仰」を積極的に導入していたということは、より具体的にいえば、こうした「宗教センター」としての鶴岡八幡宮などで、各種の宗教儀礼を幕府全体の行事として営むことを意味していたのである。

とすれば、この日常的な神々との交わりである幕府の「神祇信仰」を、ひとつの成文法として成文化したのが、かの『貞永式目《じょうえいしきもく》』第一条の「神社を修理し祭祀を専《もっぱ》らにすべき事」であろう。

幕府が「神祇信仰」をとり入れ、それを鶴岡八幡宮を中心に勤行・実践し、さらに『貞永式目』の中に、一種の「宗教的祭祀権」として位置づけたことを、つとに石母田正氏は大略、次のように解釈したことがある。

『貞永式目』＝『御成敗式目』そのものは「鎌倉政権が一個の公権力として自己を確立するための法典」である。幕府が公権力の担い手であることを示す重大な論拠のひとつに、それまで、律令制国家の統治権の不可分の一部をなしてきた諸国の祭祀権を、

『式目』第一条の中に成文化したことを指摘できる。(『岩波日本思想大系　中世政治社会思想　上』の「解説」)

つまり、幕府が「神祇信仰」を『式目』第一条に「神社を修理し祭祀を専らにすべき事」と、成文化し、もって「鎌倉殿」の宗教的祭祀権として法の中に確定したことは、一個の独立した公権力の証明である、というのである。

幕府は以上のように、一個の公権力として、「神祇信仰」を『式目』の中に成文化し、それを「宗教センター」たる鶴岡八幡宮の中に、日々営んでいた。

その「宗教センター」としての鶴岡八幡宮は、具体的にどのように運営されていたのであろうか。

「宗教センター」としての鶴岡八幡宮

鶴岡八幡宮の中で、幕府を護持する「武家的体制仏教」者としての祈禱僧とは、どのような人々であっただろうか。その祈禱僧の実態を、『吾妻鏡』より抽出した次の表から観察してみることにしよう。

この〈鎌倉幕府の祈禱僧たち〉から、ほぼ次のことが指摘されよう。

第一は、東国在住僧と京下りの祈禱僧の、いわば二頭立てに始まった祈禱という名の法《ほう》施《せ》も、年を追うごとに、京下りの僧が主導していったこと。

鎌倉幕府の祈禱僧たち（カッコ内の数字は、祈禱の回数）

時期	京下りの祈禱僧	東国在住の祈禱僧
頼朝時代	円暁(九)、行慈(七)、公顕(二)、定豪(二)	義慶房(五)、重慶(五)、恵眼房(四)、良暹(三)、覚淵(二)
義時・政子時代	行勇(二三)、陰陽師(二二)、栄西(一七)、定家(一二)、行慈(四)、観基(四)、定暁(三)、定雅・頼暁・尊暁・印尊(二)	隆宣(一五)、重慶・忠快(三)、道禅(二)
泰時時代	陰陽師(二八)、定豪(七)、行勇(五)、定親(四)、隆弁(三)、行慈・頼兼(二)、良信(二)	道禅(四)、求仏房(二)
時頼時代	隆弁(四九)、陰陽師(一六)、良基・道隆(五)、良信(四)、成源(三)、頼兼(二)	道禅(三)

第二は、その京下り僧の過半は、じつは鶴岡八幡宮の最高責任者ないし統轄者である別《べっ》当職《とうしき》に補任《ぶにん》されていること（後述の『鶴岡社務記録』を参照）。

第三は、残りの京下り僧は、陰陽師と臨済僧であること。ことに、臨済僧の栄西と北条政子に始まる法交および、北条時頼を護持した鶴岡八幡宮別当の隆弁の祈禱が際立つこと。

この三つの特徴点のうち、二と三は、幕府の「武家的体制仏教」ないし「宗教センター」としての鶴岡八幡宮のありようを考える上で、きわめて重要である。

なぜなら、鶴岡八幡宮の別当職に補任された僧が、何宗派に属すかは、幕府の志向する宗派的傾向を伺うリトマス紙になるからである。

『鶴岡社務記録』に基づいて、その歴代別当職と所属宗派を示すと、こうである。

初代円暁（寺門派、以下、寺と略称）、二代尊暁（寺）、三代定暁（寺）、四代公暁（寺）、五代慶幸（寺）、六代定豪（東寺、以下、東と略称）、七代定雅（東）、八代定親（東）、九代隆弁（寺）、一〇代頼助（東）、一一代政助（東）、一二代道瑜（寺）一三代道珍（寺）、一四代房海（寺）、一五代信忠（東）、一六代顕弁（寺）、一七代有助（東）

鎌倉時代の鶴岡八幡宮別当は、なんと、寺門派と東寺系によって占められ、その内訳は寺門派一〇名、東寺系七名であった。

鎌倉時代に、鶴岡八幡宮の別当に天台宗（山門派）が一人も補任されていないということの意味は、非常に大きい。

それは、幕府がある政策目的から、敢えて天台宗＝山門派を排除し、非山門派の寺門派と東寺系出身の僧侶を別当に補任したと考えられるからである。

では、「ある政策目的」とは何か。端的にいえば、それは幕府が自らの「武家的体制仏教」の祈禱部門を、東寺系と寺門派という「真言密教系」僧侶によって独占させ、もって、天台宗に拠る「公家的体制仏教」とは異質な独自の宗教世界を構築しようとしていたことを指す。

幕府が志向・構築しようとする「武家的体制仏教」のバックボーンは、このように、鶴岡八幡宮の「真言密教系」僧侶によって、その半分を担われていた。もう半分は、前の〈鎌倉幕府の祈禱僧たち〉に垣間見たように、臨済禅僧の護持によって支えられていた。

幕閣と臨済僧の交流

幕府の要路者と臨済禅の僧侶との交流が顕著になるのは、北条義時・政子を第一のピークに、その傾向は、泰時・時頼の世にも継続して現われた。

その中心的な禅僧が、栄西《えいさい》・行勇《ぎょうゆう》そして蘭渓道隆《らんけいどうりゅう》であることは、前にみた通りである。

この臨済僧が幕府に護持僧として、祈禱奉仕する実態をよりリアルに復元したのが、次の『吾妻鏡』から抽出した〈鎌倉幕府と臨済禅〉である。

この表は、時頼以前において幕閣に奉仕した禅僧の祈禱内容である。時頼に関しては、後に詳述することとし、ここでは、その前提を確認しておきたい。執権時頼の治世といえども、多くが幕府の連綿とした政策路線上に展開するからである。

前表を見て、どうであろうか。栄西と行勇を導師にした建久十年の頼朝の百ケ日法養に始まり、嘉禄三年の奉時が妻の堂を建立、供養するに至るまでの、おびただしい祈禱のかずかず。

幕閣と臨済僧との交わりの深さとともに、宗教がいかに生活のすみずみまで入りこんでいるかが知られる。まさに、「中世は宗教の時代」と言われる所以《ゆえん》でもある。

この幕府と臨済禅との有機的なつながりは、やはり、前の「宗教センター」の鶴岡八幡宮の別当補任と同じく、幕府の「武家的体制仏教」の性格を考えるうえで、大きな意味を持っている。

それを探る上で、重要なカギを握っているのが、臨済宗の開祖・栄西の歴史的評価である。

鎌倉幕府と臨済禅

年月日	西暦	祈禱内容	導師
建久一〇・四・二三	一一九九	頼朝の百ケ日	行勇
〃 九・二六	〃	営中の不動尊供養	栄西
正治二・一・一三	一二〇〇	頼朝の一周忌	〃
〃 七・一五	〃	寿福寺十六羅漢供養	〃
建仁元・三・一四	一二〇一	永福寺多宝塔供養	〃
建仁三・一〇・二五	一二〇三	実朝に法華経を授く	行勇
建仁四・二・二一	一二〇四	政子、逆修を行なう	栄西
元久元・五・一六	一二〇四	政子、寿福寺に祖父母供養	〃
〃 六・一	〃	愛染明王像供養	行勇
〃 一二・一八	〃	七観音絵像供養	栄西
元久二・五・二五	一二〇五	営中の五字文殊像供養	〃
承元三・一二・一三	一二〇九	法華堂の仏事	行勇
承元四・七・八	一二一〇	頼家の妻、出家	〃
〃 九・二五	〃	五字文殊像供養	栄西
〃 一一・二五	〃	実朝、文殊供養	行勇
建暦元・六・一八	一二一一	政子、如意輪供養	〃
〃 一〇・一九	〃	実朝、宋本一切経供養	栄西
〃 一二・二五	〃	実朝の文殊供養	〃

建暦二・六・二二	一二一二	実朝の聖徳太子聖霊会	行勇
建暦三・四・八	一二一三	実朝の仏生会	〃
建暦三・四・一七	一二一三	実朝の塔婆供養	行勇
建保元・一二・二九	一二一三	実朝の円覚経書写供養	〃
建保二・六・三	一二一四	祈　雨	栄西
〃　七・二七	〃	大倉大慈寺供養	〃
〃　一〇・一五	〃	大慈寺舎利会	〃
建保三・一一・二五	一二一五	実朝の文殊供養	行勇
〃　一一・二五	〃	営中の仏事	〃
建保四・一・二八	一二一六	実朝の持仏堂供養	〃
建保五・五・二五	一二一七	実朝、文殊供養を修す	〃
建保六・一二・二	一二一八	大倉新御堂に薬師像の安置	〃
建保七・一・二七	一二一九	実朝の妻、出家	〃
承久三・一・二七	一二二一	政子、実朝三回忌を修す	〃
貞応三・六・一三	一二二四	義時の妻、出家	〃
〃　七・一一	〃	義時の四七日供養	〃
〃　七・二三	〃	義時の三十五日供養	〃
嘉禄二・三・二七	一二二六	如法経十種供養	〃
〃　七・一一	〃	政子の一周忌仏事	〃
嘉禄三・七・一一	一二二七	政子の三年忌仏事	〃
〃　一二・一三	〃	泰時、妻の堂を建つ	〃

これまで、一般には、栄西は叡山で受戒し、その山内の葉上の房で修行したことにより、「葉上流の密教僧」＝天台密教僧と評されてきた。栄西はたしかに、叡山に出自するが、かと言って、終生、叡山仏教の傘下で活きたのではないことは、彼みずから主著『興禅護国論』の中で述べている明確な叡山に対する批判と決別からも証明される。

葉上房阿闍梨＝栄西という、初期の修行時代にちなむ房号だけにとらわれて、彼の宗教的立場を無条件に、「天台密教僧」と評価するのは正しくない。

それよりはむしろ、彼と同時代の『沙石集《しゃせきしゅう》』の著者でもある無住《むじゅう》が評した次なる栄西評価の方が、より正鵠を射ている。

法々ノ是非揀択《かんたく》ナク、戒律ヲモ学シテ威儀ヲ守リ、天台、真言、禅門共ニ翫《もてあそ》バル

殊ニ真言ヲ面《オモテ》トシテ、禅門ハ内行《ナイギヨウ》ナリキ

前者の雑修を事とする栄西像もさることながら、それをさらに簡略に評したのが後者の「真言ヲ面トシテ、禅門ハ内行」なる栄西像である。これはまさに、言い得て妙な栄西評価と思う。

してみれば、栄西は天台宗の密教僧というよりは、真言密教と臨済禅によりながら、当時、真言密教系に染まっている「宗教センター」たる鶴岡八幡宮ないし幕府に、護持僧・

祈禱僧として勤仕する「武家的体制仏教」者であったといえよう。

従来のいわゆる「鎌倉新仏教」者の一群の中に、栄西を、他の法然・親鸞らと同じく一把ひとからげにするのは、この限りでは正しくない。

鎌倉幕府の「禅密主義」

前の〈鎌倉幕府と臨済禅〉を改めて見るまでもなく、そこには「武家的体制仏教」者としての栄西と行勇の意気の合った幕府への祈禱勤仕の姿、そして一方には、その勤仕に安心の念を吐露する政子や実朝、泰時の態《さま》がある。

この幕閣と臨済禅僧とが織りなす姿と態の政教一如《いちにょ》の絵巻は、まさしく執権時頼による蘭渓道隆の招聘の前兆図である。

表現をかえていえば、この栄西と行勇の登用こそが、来るべき道隆や無学祖元《むがくそげん》のときに一つの極を迎える「五山禅」ないし「五山文化」の大きな前提であった。

このような幕府の「武家的体制仏教」の世界をさして、天台宗を核とする「公家的体制仏教」と同一であるなどと、言う人はもはやいまい。

幕府には、その公家社会と同じく、国家権力の一翼を担うに相応《ふさわ》しい、自立した独自の「武家的体制仏教」なる思想空間があったのである。

それを私たちは、東寺と寺門派の「真言密教」系僧侶によって「宗教センター」たる鶴岡八幡宮の別当職が独占されていた歴史的事実と、行勇・栄西による臨済禅の祈禱勤仕という仏教史的事実に着目し、その「真言密教」と「臨済禅」とを宗派的に総和して、「禅密主義」と規定したいと思う。

ここに、私たちは前に引用した黒田氏の説かれる「鎌倉幕府は基本的にはあくまでも顕密体制に立脚し、すすんでそれを擁護した権門」という見解をとるのではなく、幕府なればこそ、一定の宗派的傾向を持った武門ならではの、独自の思想空間を構築した権門であった、と結論するものである。

鎌倉幕府はその当初から、公家権力と寺社勢力の和合体たる天台密教に拠る「顕密主義」＝「公家的体制仏教」に対して、宗教的にも伍しうる思想の芽として、「禅密主義」をスローガンとする「武家的体制仏教」という思想空間を模索・構想していた。

天台宗主導の「公家的体制仏教」に対して、幕府が真言密教と臨済禅の結合体たる「禅密主義」を基調とする独自の「武家的体制仏教」を築かんとする営みこそが、私たちの執権時頼が中世を闊歩《かっぽ》する宗教史的前提であった。

時頼も、例外なく「時代の子」として、この「武家的体制仏教」の世界に登場し、五代執権として幕政に君臨することになる。
その様子を、時頼の「人となり」を思い描きながら、次に跡づけてみることにしよう。

時頼の二つの顔

武将としての時頼

幼少の家庭環境

執権時頼の父は時氏、母は有力御家人、安達景盛の娘である松下禅尼。この両親と泰時を祖父に持つ時頼は、どのような家庭環境に育ち、どのように成長して、武将としての資質を涵養《かんよう》していったのであろうか。時頼の成長の上でも、決定的な意味をもったのは、やはり母の生活作法であった。母の松下禅尼とは、こんな人であった。

故松下ノ禅尼ハ、難レ有人ニテ御坐ケル。上東門ノ女院（藤原彰子）ノ御事ヲ、常ニ慕ヒ申サレテ、「我モカクアリタキ」トテ、仏法ヲ信ジ行ゼザル者ハ、メシツカハレズ。彼ノ女院「人ヲ憑《たのむ》ト云ハ、身モ心モヲナジヤウナルコソ、其ノ形ナル。我ハ仏法ニスキタル物也。

仏法ヲ愛シ信ジ行ゼラン物、メシツカフベカズ」ト仰ラレテ、御中ノ人、男女皆仏法者也。（無住『雑談集』より）

藤原彰子（藤原道長娘、一条天皇妃）を慕う松下禅尼は、人をたのむときは、身も心も同じ人を選ぶべきであるとし、仏法を信じない人は召し使わない人であった。

この母松下禅尼の、仏法者としての人を見る眼の一徹さ、これが、後の時頼に陰に陽に大きな影響を与えたことは、言うまでもない。

幼少の時頼は、このように、信心深い母に温かく導かれながら、育くまれ、いつしか、仏法に興ずるまでになっていた。その仏法遊びする孫時頼を、祖父泰時は、眼を細めながら、こう優しく見守ったという。


故最明寺ノ禅門（時頼）、幼少ノ時、遊ニ堂作リ仏作リナドセラルケルヲ、平左衛門入道（平頼綱）、諏訪入道（諏訪盛重）ナド、「弓矢トラセ給《たまう》御身ハ、弓矢ノ御遊コソ候ハメ。所詮ナキ御事也」ト制シケルヲ、祖父泰時「ナシニ制スル。我夢ニ見タル事アリ。先世須達《すだつ》長者、祇園《ぎおん》造シ時ノ、東北ノ角ノ番匠ノ引頭ガ、生レタルト見ヘタリ。様有ル物ナルベシ」ト、申サレケル、（同右）

弓馬の道を嘱望されている時頼が、「堂作り仏作り」の遊びばかりに興ずるのを、平頼綱らの御家人が心配して、止めさせようとした。それを祖父泰時は、「どうして、その遊びをやめさす」と言って、自分のみた夢と重ね合わせながら、孫時頼の行く末を遠く見すえたというのである。

若き武将時頼の出世

母と祖父の慈悲深い愛情と期待を一身に受けて、順調に成長し、「武将」として、歴史の舞台に登場するのは、時頼、十歳、元服のときである。

その元服の儀の様子を、幕府の正史『吾妻鏡』は

寝殿の南面に於て御酒宴、夜に入て、左京兆（泰時）の孫子小童字戒寿、故修理亮時氏の二男御前に於て、元服の儀あり。（原漢文）

と伝える。時頼に関する、文字通りの初出史料であり、歴史舞台への晴れての初デビューである。幼名戒寿丸《かいじゅまる》は、ここに元服の儀を終え、いよいよ、時頼の幕政参画の扉が開く。

大きな期待に迎えられた若き武将、時頼の初仕事は、元服して約四ケ月後に催された鶴岡八幡宮での流鏑馬《やぶさめ》の射的であった。ときに、嘉禎三年（一二三七）八月十六日。

この恒例の射芸を見事に成し遂げた時頼は、以後、摂家将軍の頼経《よりつね》と頼嗣《よりつぐ》の二代にわたり、あるいは垸飯《おうばん》の際の引馬や将軍家の方違《かたたがい》の儀における射手、あるいは鶴岡八幡参詣

や二所（伊豆・箱根）進発への供奉などと、勤仕に余念がなかった。

年若き武将、時頼のひたむきな奉仕の雄姿が、時空を越えて、現代の私たちにも伝わってくる。

執権に就任するに先立ち、年若き時頼には注目すべき二つの出来事があった。これは、時頼の武将としての資質がいかに非凡であるかを立証する美談でもある。

一つは、仁治二年（一二四二）に起こった御家人の駿河家村と上野朝村との喧嘩《けんか》の際に持ち上った美談である。

この喧嘩に対して、兄の経時は、一方に加担すべく兵を出した。しかし、弟の時頼はそれに直接、関与しようとしなかった。

この両者の対処法について、祖父泰時は二人を前に置いて、こう評した。

おのおの将来の御後見の器なり。もろもろの御家人の事に対して、いかでか好悪を存ぜんや。親衛（経時）の所為、はなはだ軽骨なり。しばらく前に来るべからず。武衛（時頼）の斟酌、すこぶる大儀に似たり、追って優賞あるべし、（『吾妻鏡』、原漢文）

祖父泰時は、兄経時の計らいを「はなはだ軽骨」と判じ、その一時、謹慎を申付けた。対する弟時頼の対処については、「斟酌」＝冷静であり、「すこぶる大儀に似たり」と誉めただけでなく、優賞あるべしと処遇したのである。

祖父泰時の眼には、ともに、将来の幕府後見人でありながらも、弟の時頼の方が兄経時よりも、数段その武将としての資質において、長じていると映ったのであろう。

思うに、この時頼の資質は、表現をかえていえば、一時的な好悪の感情を超えた、武将に必要不可欠な冷静沈着な決断力を示すものである。

喧嘩騒ぎから程ない十二月五日、時頼は祖父泰時から、一村を給された。それは、

これ御所中の宿直《とのい》の祗候《しこう》のこと、勤厚の故と云云。（『吾妻鏡』）

というように、営中の宿直の勤勉さによってであった。これが、二つ目の美談である。

執権就任前の、年若き時頼は、二つの美談が物語るように、公平にして慎重、精勤にして冷静な、まさに類い稀なバランス感覚を備えた武者であった。

五代目執権に就任

寛元四年（一二四六）三月二十三日、時頼は、のちの「寄合衆《よりあいしゅう》」に発展する「深秘の御沙汰」と呼ばれる会議を召集し、この日、みずから、五代目の執権に就任した。

四代執権の兄経時が病弱であったのに加え、その子息が今なお幼少であったため、幕政に停滞なきよう、満を持しての執権就任であった。ときに、数え年二十歳。

この待望の就任以来、約十年の間、時頼は執権として、幕政を牛耳る。その間、年改まりごとに催される、正月一日の権力の象徴的な営みともいえる「垸飯《おうばん》の儀」という、将軍を招待としての盛大な饗宴（もてなし）を、勿論、沙汰し続けた。

少年の頃より、「精勤」をもって自他ともに任じていた時頼であった。執権に就任しても、この「精勤」の精神は失《う》せることなく、それを時として、御家人層に求めることもあった。

寛元四年（一二四六）九月十二日、近番衆の中で、無断で欠番した者を厳しく罰したのは、その証しである（『吾妻鏡』）。

今もっとも血気さかんな青年執権の時頼は、このように、御家人の理由なき怠惰を厳禁する一方、徐々に、執権としてその政治力を体得するにつれ、「左親衛（時頼）、なお幕府に候ぜらる。ここに於いて、万事を聴断せしめ給う」（『吾妻鏡』）というように、時として、将軍の職権にも及ぶ幕権全体を指揮することもあった。時頼がこの「専断の権」とも言うべき、専制的な権力を最も象徴的に振ったのは、世にいう「宝治《ほうじ》合戦」の前後であろう。

宝治元年（一二四七）六月五日、時頼が関東の雄族、三浦泰村を、外祖父の安達景盛と結んで、敗亡の淵に追い込んだ合戦こそ、「専断の権」をほしいままにした最高の極わみであった。

しかし、時頼は執権として、「専断の権」を振うだけではなかった。窮地に立つ一般の御家人に、血の通う恩情を施す執権でもあった。

専断あれば恩情も

その一斑を、『吾妻鏡』はこう伝えている。

(宝治元年十二月廿九日) 恩沢の沙汰あり。去る六月合戦の賞、これを相交わす。結城上野入道日阿、西小島庄を拝領す。これ、泰村追討の事につき、すこぶる過言に及ぶの間、とがめ仰せらるべきかの由、沙汰あるといえども、その性、もとより廉直なり。過言を称すは、ただ私なきの致すところなり。かつはたまたま、関東の遺老のため、言語の誤りを咎め、巡恩を漏らしむの条、政道の恥たるべきの由、左親衛(時頼)、ことに執り申せしめ給う。

前の六月の「宝治合戦」で、一旦は追討の身となった三浦一族の知音(知人)である日阿が、無私の心から哀願する姿に、心動かされる時頼。その日阿の廉直さ、無私の心情に接するにつれ、「言語の誤りをとがめ、巡恩を漏らした」ことを、かえって自らの「政道の恥」として、自責すらする執権時頼がそこにある。

執権の立場でありながら、巡恩の遅漏の非を認め、自ら「政道の恥」と自責・内省する時頼の心操に、私たちは、心優しい慈しみの心根を感じざるにはおれない。

時頼の心には、「宝治合戦」に見る他氏排斥をも辞さない「専断の権」すら、おおい包むような慈悲に満ちた恩情が同居していた。この恩情は、時頼の雄々しく燃えさかる「専断の権」を和やかに包みこむような優しい心眼でもあった。

一徹の精神修養

時頼は、武将として、硬軟の両面の資質に恵まれていた人物であった。

時頼の「専断」と「恩情」というハードとソフトな資質をつないでいたのが、かれの何ごとにも一徹に打ちこむ専心な精神力であった。

この「専断」と「恩情」の接着剤ともいうべき一徹さは、おそらく、母松下禅尼の、かの人を召使うときには、仏法を信じない人は用いないという人生訓に学んだものだろう。

時頼の一徹なる生き様の例を、二、三紹介しよう。

その一つは、

左親衛（時頼）、難波少将羽林を招請し、対面せしめ給う。蹴鞠のこと、門弟たるべきの由、御約諾に及ぶと云々。（『吾妻鏡』）

に、端的に示されている蹴鞠（けまり）への傾倒であろう。

今日でいえば、サッカーの日本版ともいうべき蹴鞠に、時頼は熱中し、蹴鞠の師範の難波少将に弟子入りし、その指導を仰いだのである。

時頼が、この蹴鞠にいかに熱中・専心したかについて、『吾妻鏡』は、難波少将から蹴鞠の道具一式を献上されたことに始まり、蹴鞠の実戦理論のマニュアルともいえる「鞠秘書」を贈呈されたことに至るまで、克明に伝えている。

宝治二年（一二四八）前後のことである。何ごとにも専心してやまない一徹さを、時頼はこのように、蹴鞠のプレーの中に示していた。

物事に対する一徹さを自らに課していた時頼は、御家人に対しても求めることがあった。「弓馬の道」の実践奨励がそれである。

そうした奨励は、封建制の世で、しかもその武将としてみれば、ごく当然のことであろう。しかし、時頼の場合、その取組みかたが、桁外れなほど熱を帯びているのである。

相州（時頼）申されて言わく、「近年、武芸すたれて、自他門ともに、非職の才芸を好み、ことにふれ、すでに吾が家の礼を忘れおわんぬ。比興というべし。しかれば、弓馬の芸は、追って試合あるべし（後略）」（『吾妻鏡』建長六年五月一日条）

時頼は、近年すたれがちな兵の道に従事する者にとって、不可欠な「弓馬の道」を、御家人一般に対して、強烈に説いたのである。

こうした説示の例は、『吾妻鏡』のなかに、一再ならず、顔を出す。それだけ、時頼が御家人層に「弓馬の道」を熱心に説き、かつその実践を強く求めていたことを示している。時頼は、御家人一般に対して、「弓馬の道」を説くことにおいても、その一徹さを強調していた。

思えば、「弓馬の道」については、時頼みずから、かの「元服の儀」ののちに試みた鶴岡八幡宮での流鏑馬《やぶさめ》以来、「家の礼」として、専一に勤めてきたところである。

それゆえ、武将時頼が執権として目指したのは、将軍にも進言してやまなかった『帝範』や『貞観政要《じょうがんせいよう》』を自らも学び、修得しようとするまさに「文武両道」の成就であった。

こうしてみれば、時頼は、「専断の権」と「恩情」という硬軟の資質を、蹴鞠や「弓馬の道」の実践で示したような一徹なる精神力で支える自己啓発の人でもあったといえよう。

これまで、私たちは時頼の足跡を辿りながら、かれの武将としての資質を描いてきた。

それを、ここで端的に要約すると、時頼とは、「精勤」で、「雄々しい決断力」を持ち、「恩情厚き慈悲の心」も忘れない、何ごとにも一徹な「文武両道」の求道者、ということになろうか。

では、このような資質を持った時頼は、その執権在職中に、どのような施策を展開したのであろうか。

いよいよ執権時頼の施策面の、具体的な検証の時がきた。

悪党対策と物価統制令

少年の頃から、公平で冷静な判断力を持ち合わせ、祖父泰時が一目置いていた時頼である。それゆえ、ことの善悪判断に対しては、ことのほか、厳しかった。たとえ幕府の御家人体制の中核である地頭といえども、悪事を働く地頭については容赦しなかった。

寛元四年（一二四六）十二月に発された、つぎの「悪党」退治令は、その好例である。

悪党ならびに四一半打ちをこめ置き、所領を召さるべき事

右、近日、国々夜討・強盗、蜂起の由、普《あまね》く風聞す。これ偏《ひと》えに、所々の地頭ら、悪党ならびに四一半打ち等をこめ置き、無沙汰を致すゆえか。しからば、あるいは悪党を所領内にこめ置き、あるいは四一半打の所においては、早に交名を注進せらるべし。所職を改易せらるべし。この旨をもって、某国ならびに知行所々に下知せしめ給うべし、ていれば、仰せによって、執達件《くだん》の如《ごと》し

寛元四年十二月十七日

左近将監（時頼）　（『吾妻鏡』原漢文）

この一文が如実に示すように、時頼は地頭といえども、いな、幕府の屋台骨を支える地頭であるがゆえに、悪党や双六《すごろく》の博奕《ばくち》たる四一半打ちの徒をこめ置く者については、所領没収の強い決意で臨んだのである。

この「悪党対策」が、時頼の施策面の第一である。

第二は、経済政策に関わる一種の「物価統制令」の発布である。

中世の物価統制とは、どのようなものであったろうか。次に、紹介してみよう。

炭・薪《まき》・萱《かや》・藁《わら》・糠《ぬか》の事

高直《たかね》、法を過ぎるの間、諸人の煩《わづら》いたるによって、先日、下直《したね》を定めらるといえども、自今以後においては、その儀あるべからず、もとのごとく、交易を免ぜらるべし。但し、押買ならびに迎え売りに至っては、停止せしむべき也。この旨をもって、相模国、しかるごときの物の交易所に相触れらるべきなり、ていれば、仰せによって、執達件《くだん》の如《ごと》し

建長六年十月十七日

相模守（時頼）
陸奥守（重時）

（『吾妻鏡』原漢文）

時頼は、当時の生活必需品である炭・薪・萱・わら・糠などの物価が法外に上下することに、細心の注意を払っていたようで、それが「諸人の煩い」とならないように、物価調整を行なっていたのである。

前の「悪党対策」といい、この「物価統制」といい、その施策の根本には、ある程度、生活に目途の立つ地頭や商人よりも、明日の生活に事欠くような、名もなき一般庶民の生活を支援しようという救援精神が脈打っている。

地頭よりも庶民を、強者よりも弱者を、という弱者救済の論理が、この二つの施策には脈々と根づいている。時頼を「中世の黄門」と評する所以もここに存する。

土民百姓の撫民

時頼の治政の圧巻は、何といっても、「悪党対策」と「物価統制法」に還流している弱者救済の表出ともいうべき撫民政策であろう。

時頼は、名もなき一般の土民百姓に対する「撫民」法を、次のように発した。宝治元年（一二四七）十一月二十七日のことである。

諸国守護・地頭ら、内検を遂げ、過分の所当を責め取るの間、土民・百姓を安堵せしめ難きこと、国司・領家の目録につきて、沙汰いたすべきの由、守護・地頭に相触るべきの状、仰せによって執達件《くだん》の如《ごと》し

左近将監（時頼）
相模守（重時）

宝治元年十一月二十七日

相模左近大夫将監（長時）殿

これによれば、土民百姓に対して、過分の年貢を課す守護や地頭の「内検」を行なってきていた時頼が、その土民百姓の窮状を黙し難く、ついに「土民百姓の撫民法」を発して、救援に踏み切ったのである。

この撫民法が、前の「悪党対策」と「物価統制法」の総和の上に発布・施行されたものであることは、誰人も認めるところであろう。

翻って思うに、時頼のこれらの弱者救済の論理の底流に流れるものは、前の「宝治合戦」の際に、日阿に施した「恩情厚き慈悲の心」であったろう。

弱者救済の論理の表出として、発された「撫民法」こそが、一般に、時頼の「仁政」と

評される極致である。武将としての時頼の本領も、まさにこの「撫民」政策にある。まさに、中世の時代に「水戸黄門」を発見する思いである。

時頼の施策のなかで、看過してならないものの一つに、幕府とともに公権力を二分する皇室に対する対策がある。

皇室に対する配慮

時頼は執権として、皇室に対し、こう採り決めたことがあった。

今日、内々御寄合の事あり。公家の御事、ことに、尊敬を奉らるべきの由、その沙汰ありと云々（『吾妻鏡』原漢文）

こんな形で幕府が皇室に対して、わざわざ、議を経て、「尊敬を奉らるべき」ことを沙汰し決するということは、そう多くあることではない。

これが議決されたのは、宝治元年（一二四七）六月二十六日という、例の「宝治合戦」後のことであり、その意味で、幕権がにわかに急上昇した時期である。

時頼のこの時期には、対皇室関係について、幕府側のある種、政治的優位性が確立していたことを、「公家の御事、ことに、尊敬を奉らるべきの由」の一文が示唆している、と解するのは、読みこみすぎであろうか。

時頼の治政下に、何度となく皇室に対する表敬記事が、『吾妻鏡』の中に顔を出す。これは、おそらく、当時の幕府が政治・経済はもとより、文化の面においても一定の整備・充実を反映した結果であるに相違ない。

文化・宗教の面でいえば、私たちが前に確認したように、皇室側の「顕密主義」に拠る「公家的体制仏教」の対極として、幕府は独自の「禅密主義」に拠る「武家的体制仏教」の世界を構築していた。

執権を退いても、なお

時頼は、康元元年（一二五六）に入る頃、少し体調を崩すことがあった。しかし、これが執権辞任の直接の理由とはならなかった。

時頼が執権を辞したのは、同じ康元元年の十月二十三日のことであった。『吾妻鏡』はこれについて、

今日、執権を武州（長時）に譲らる、（中略）但し、家督幼稚のほど眼代なりと云々

と伝えている。

時頼が執権を辞職したのは、やはり、病気からではなく、次代を担う愛息の時宗が今なお五歳にすぎず、その時宗の生長を見込んでのことであった。「家督幼稚のほど眼代なり」が、そのことをなによりも如実に示している。

時頼は制度的には確かに、五代目執権を辞し、日頃の素懐であった出家もとげ、法名を

「覚了房道崇」と号した。

だが、時頼にあっては、執権退任ののちも、幕府における権力顕示の象徴ともいうべき、恒例の正月の「垸飯《おうばん》の儀」を不思議にも、とり止めることはなかった。

それどころか、死の直前の弘長三年（一二六三）まで、この「垸飯の儀」を、時頼は沙汰し続けたのである。

これは、何を意味するのであろうか。答えは一つ。時頼が「垸飯の儀」を執権退任後、死ぬまで継続したというのは、時頼自身、幕閣内に不動の権力を保持しようとした表われであり、同時にそれを幕閣も認めていたことを意味する。「垸飯の儀」とは、時頼にとって、そのような意味を持っていた。

時頼は、執権退任後も、引き続き権勢の極に君臨し続け、幕政を以後、七年間も牛耳ることになる。

その七年間にわたる時頼の治政の足跡を追ってみることにしよう。

廂衆の結番

時頼はまず第一に、本来、朝廷にしか認められていなかった「廂衆《ひさししゅう》」の結番制を、「関東に模せらる」（『吾妻鏡』正嘉元年十二月廿四日）と伝えるように、朝廷に倣《なら》って、幕府にも導入した。「廂衆」とは、将軍に近侍して仕える御家人のことを指す。

朝廷の模倣とはいえ、この新儀の「廂衆」の結番制を導入したことの意味は、決して小さくない。いな、朝廷の模倣だからこそ、意味があるのである。

幕府権力の誇示ともいうべきこの「廂衆」を制度化した営みが、現実における公武の二元支配のありようを、最も端的に反映していることは、誰人も認めるところであろう。

幕府は、ここに、この「廂衆」の結番制の導入を通して、なお一層、国家権力のもう一方の担い手としての、政治的自覚を持つことになったことは、言うまでもない。

時頼は、執権在職中に、皇室に対する表敬思想を表明していたことを、前に指摘したが、その思いが、いま「廂衆」の結番制の導入という形で、幕政の整備の中に実を結ぶこととなったのである。

愛息時宗への期待

思えば、時頼は執権に就任する前の一日《あるひ》、祖父泰時から、御家人の喧嘩《けんか》をめぐる対応の仕方で、兄の経時よりも、「冷静」であるとして、大いに賞讃されたことがあった。

実は、この再現ともいうべき事が、時頼と愛息時宗との間に起こっている。

弘長元年（一二六一）年、正月七日の鶴岡八幡宮参詣の供奉《ぐぶ》（将軍が参詣する際の行列のお供）に関する着順のとり決めがそれである。

時頼は、その供奉の着順を、年下の相模太郎（時宗）を上に、その下に同四郎（異母兄の時輔）を着けるように決めた。この着順が、将軍の意向とは違うものであったことは、『吾妻鏡』の「当時の書き様、すこぶる御意に違う」という一文が、端的に物語っている。

この将軍の意とは裏腹の、愛息時宗を優先した着順は、「禅室（時頼）、内々に思食すところなり」にみるように、時頼の胸のうちには、かねてから予定されていたことであった。

この奇妙な計らいもまた、祖父泰時と同様、時頼の愛息時宗に託す思いの大きさに端を発すことは、見易い道理である。

これは、逆からいえば、かかる尋常ならざる事を、強引にも推し進めえるだけ、執権退任後の時頼の権勢が巨大であったことを示している。

前の「垸飯の儀」の沙汰といい、この着順決定といい、最明寺時頼の勢威は、出家後においても、一向に衰えることを知らない。

慈悲と撫民の心

執権在職中、仁政の極致と評される「恩情厚き慈悲」と「撫民」の心を、土民・百姓という名もなき一般の庶民に施した時頼であった。

では、執権退任後は、どうであったろうか。権勢の、退潮を知らない最明寺時頼は、もちろん、その仁政を一時たりとも、忘れることはなかった。

まず、恩情厚き慈悲の心について。

正嘉二年（一二五八）八月十六日、恒例の鶴岡八幡宮の参詣が終わったその夕方、伊具《いく》四郎なる御家人が諏訪刑部左衛門《すわぎようぶさえもん》入道に殺害されるという事件が発生した。

結局のところ、この諏訪入道はとり押えられ、梟首《きようしゆ》（さらし首）と決まった。

しかし、ここでもまた、時頼の、例の「恩情厚き慈悲の心」が、うずき出す。

時頼は、この斬首を目前にした諏訪入道を、ひそかに自分の邸内に召き入れ、「事実を申せば、それに応じた配慮をして、何とか助けてやりたい」と語り始める。

この計らいを、時頼の「恩情」、「厚き慈悲」の心と言わず、何と言おう。

次に、撫民の心について。

時頼は「恩情厚き慈悲」の心と同様、この「撫民」の心もまた、執権退任後においても、撫民策として、施した。

正嘉二年（一二五八）八月二十八日と、弘長三年（一二六三）八月二十五日の将軍宗尊の上洛中止に見られる撫民がそれである。

時頼は、この二度にわたる将軍上洛を、「諸国損亡、民間の愁えこれある」（『吾妻鏡』）

という理由から、中止・延引した。

将軍の上洛よりも、民間の休弊を優先させようとするこの施策こそ、時頼の内なる「撫民」の心、弱者救済の心の発現に他ならない。ここにも、私たちは「中世の黄門」＝時頼を見る思いがする。

ときに、他を圧倒する雄々しい決断と実行力を発揮した「専断の権」者・時頼、ときに「恩情厚き慈悲の心」に、名もなき弱者を救うべく施した「撫民」の武将・時頼、またときに、自己修養として一徹の文武両道に専心した求道者・時頼も、弘長三年（一二六三）に入る頃から、徐々に病を得る身となった。

幕政の中に、五代目執権として、かずかずの大きな足跡を印した時頼も、その平癒祈禱も甲斐なく、身罷ったのは、同じ年の十一月二十二日のことであった。時頼、享年、三十七歳。

以上、私たちは、時頼の武将としての一側面を、主として『吾妻鏡』を素材に、思い描いてきた。

人間時頼を知る上で、いま一つ忘れてならないことがある。「仏教者としての時頼」の探査である。

仏教者としての時頼

仏教者としての時頼にも、決定的な影響を与えたのは、やはり、母松下禅尼であった。

仏教的な家庭環境

前にみたように、松下禅尼は、召し使いを採用する際でも、「仏法ヲ信ジ行ゼザル者ハ、メシツカハレズ」（『雑談集』）というように、仏法の信者であることを、採用条件にする人であった。

信心深い母の、仏教的な家庭環境ともいうべき中で養育されたのであるから、「御中ノ人、男女皆仏法者也」（『雑談集』）と、時頼の家族は、一様に、仏教の信者となった。

物心ついた時には、時頼の日常的な遊びも、「堂作り仏作り」一色に染まるまでになっていた。

それを、御家人たちが「弓矢トラセ給御身ハ、弓矢ノ御遊コソ候ハメ」と、時頼の武将の行末を案じたのも、無理もないことであった。

この仏遊びに無心に興ずる時頼を、そば近くに見守る祖父泰時は、ただ眼を細めるだけで、それを制することはしなかった、と『雑談集』の無住は伝える。

実に恵まれた仏教的な家庭環境の中で、すくすくと成長していった時頼＝幼名戒寿丸は、執権就任前、『雑談集』が語る以外に、どのように仏教と関わっていたのであろうか。

「執権就任」のように、公的ではない、全くの私的な信仰の側面については、時頼が幼少時のことでもあり、幕府の正史『吾妻鏡』は多くを語らない。

『吾妻鏡』が語る、時頼の執権以前の記事は、唯一、祖父泰時の一年忌法養だけである。

祖父泰時の一年忌

故前武州禅室（泰時）の周発御仏事、山内粟船御堂に於て、これを修さる。北条左親衛（経時）ならびに武衛（時頼）、参じ給う（中略）。曼荼羅供の儀也。大阿闍梨信濃法印道禅、讃衆十二口云々。此供幽の儀、御在生の時、ことに信心を抽《ぬき》んずと云々。

ときに、寛元元年（一二四三）、時頼十六歳のときである。

恐らく、時頼の信心深い生活は、幼名戒寿丸の頃に慣れ親しんだ仏遊びを原風景にして、少年期にも、なんら変わることなく続いたに相違ない。『吾妻鏡』に、そうした私的な家庭での信仰生活が、伝えられていないだけである。

それにしても、時頼の内面を知る上で、この期の唯一という『吾妻鏡』が語り伝える祖父泰時の一年忌法養の記事は、なんと象徴的なことか。

兄の経時とともに、時頼が威儀を整え、緊張の面持ちながら、祖父泰時に回向《えこう》（死者の冥福を祈ること）した仏事は、「曼荼羅供《まんだらく》」であった。

祖父泰時が、在生の時より、とりわけ信心を傾けたこの「曼荼羅供」とは、真言密教の金剛界《こんごうかい》と胎蔵界《たいぞうかい》の両界を象《かたど》った祈禱供養である。

時頼は、幼少のころ、仏遊びに興ずる自分を優しく見守ってくれた祖父泰時を、なつかしく偲《しの》びながら、この「曼荼羅供」の一年忌に参ったことであろう。

『吾妻鏡』のこの泰時の一年忌を報ずる記事が、象徴的なのは、ただ時頼が詣でたからではない。

それは、前章で観察したように、鎌倉幕府にあって、臨済禅とともに「武家的体制仏教」を形成するこの真言密教が、この泰時の一年忌という日常的な生活の中で、「禅密主義」の形をとりながら、時頼の心奥の中に、あるいは幕府の宗教世界の中に、しっかりと活きていたからである。

私たちがいう、幕府の「禅密主義」をスローガンとする「武家的体制仏教」の世界は、こうしたごく日常的な現実の生活の中に、確かに息づいている。

「時代の子」時頼は、執権就任ののち、この「禅密主義」の「武家的体制仏教」を、どのように継承し、その中でどのように、仏教者として活きたのであろうか。

『大般若経』の信読

一般に、「中世は宗教の時代」といわれるが、それにしても、時頼の仏教に対する打ちこみ方は、桁外れに深かった。

例えば、時頼は、例の「宝治合戦」の予兆を察知したのであろうか、寛元四年（一二四六）十月九日、次のような仏事を修した。

左親衛（時頼）、宿願あるに依って、里第《りてい》に於て、今夜より如意輪《にょいりん》秘法を修され、ならびに大般若経を信読さる。大納言法印隆弁、両事を兼行すと云々。（『吾妻鏡』）

時頼は、「宿願」である「宝治合戦」の戦勝を、如意輪秘法という真言密教の祈禱と、『大般若経』の信読（経典の文句を全部読む行）にこめていたのである。時頼はこのような、『大般若経』の信読を何かことあるごとに、日常茶飯事のごとく、行なった。

康元元年（一二五六）九月十日、「相州（時頼）の邸において、大般若経を転読さると云々」（『吾妻鏡』）と伝える『大般若経』の転読（経典の一部を読む）は、『吾妻鏡』のその前後の記事から判断して、時頼みずから、「赤斑瘡《あかもがさ》」という一種の皮ふ病を患ったため、その病気平癒を祈ってのものであったと思われる。

時頼は、このように『大般若経』を、ときに信読、ときに転読して、事あることごとに、これにみずからの願いを託した。

奇妙なことに、時頼はこの『大般若経』の信読・転読を、『吾妻鏡』による限り、全て「里邸」「相州邸」「左親衛亭」に示されるように、自宅で行なっていた。

思うに、時頼は、この『大般若経』の行をあくまでも私的な、個人的なものと考え、自宅の持仏堂で行じていたのであろう。

その姿を想うにつけ、私たちは、幼年の往時、「堂作り仏作り」に無心に遊び興じていた戒寿丸のことを、彷彿せずにはおれない。

時頼が日常的な祈りの対象としたのは、実は、この『大般若経』だけではなかった。

薬師如来への祈り

時頼は、古来より、病気平癒の仏として知られる薬師如来に対する帰依もまた、尋常でなかった。

『大般若経』の、転信読は、自宅の持仏堂であった。しかし、この「薬師如来」に対する祈願は、そうでなかった。

左親衛（時頼）、殊《こと》なる所願に依り、薬師如来像を造立さる。今日、大納言法印隆弁をして、その御衣木に加持せしむ。この上綱、去年より在京するの間、護持のため、しきりに招請せしめ給うにつき、一昨日廿五、下着《げちゃく》と云々。（『吾妻鏡』）

時頼は、この一文が物語るように、わざわざ、在京中の護持僧・隆弁を招請して、薬師如来を新たに造立していたのである。ときに、寛元四年（一二四六）九月二十七日。隆弁なる護持僧が加持祈禱をこらした薬師如来が安置されたのは、勿論、大倉薬師堂である。

以後、時頼は、主だったものだけでも、例えば、建長二年（一二五〇）二月八日、みずからの病気平癒のため、あるいは、同年十二月八日には、室の安産祈願のため、薬師堂に詣《もう》でている。

時頼の薬師如来への帰依は、このあと、さらに深まり、子息の平安を祈って、次のように、「七仏薬師像」を刻んだ。

（建長五年四月廿六日）相州（時頼）、日ごろ、七仏薬師像を像立さる。今日、供養の儀あり。両息の御祈請と云々。若宮僧正の隆弁、導師たりと云々。（『吾妻鏡』）

時頼の「薬師如来」に対する期待と帰依の度は、日ごとに深まっていく。それとともに、時頼の仏教者としての内面の世界も徐々に形成されていく。

前の『大般若経』の信読の折も、そしてまたこの薬師如来像の造立と供養の折も、時頼に、影のように付き添う護持僧の大納言法印隆弁とは、どんな人物であろうか。

護持僧の隆弁

それは、一言にしていえば、寺門派出身の鶴岡八幡宮の第九代別当であり、宗派的には「真言密教系」の僧侶ということになる。

この隆弁と時頼との法的な交わりは、とりもなおさず、隆弁の出身母胎である園城寺と幕府との交わりでもあった。

そのことを、『吾妻鏡』は、こう伝えている。

鶴岡別当法印の隆弁、園城寺を興隆すべきことを申す（中略）。当寺のこと、関東（幕府）代々、御帰依他に異なる。殊《こと》に御助成あると云々。（建長二年二月廿三日）

これは、記述した幕府の「宗教センター」としての鶴岡八幡宮別当が、東寺系と寺門派という「真言密教系」の僧侶によって占められていたことに思いを致すとき、ごく自然の結びつきであった。

時頼も「時代の子」として、この「真言密教系」僧侶と臨済禅僧の重用に彩られる幕府の「禅密主義」を基調とする「武家的体制仏教」の世界に活きていたのである。

隆弁の出産祈禱　時頼ないしは幕府と鶴岡八幡宮別当の隆弁との法交を、『吾妻鏡』の中に、もう少し具体的に跡づけてみよう。

その中で、一際、目を引くものに、隆弁による出産祈禱がある。

> （建長二年十二月十三日）今日、相州（時頼）室妊帯を着さる。鶴岡別当法印隆弁、これを加持す。（中略）又、御祈り等、始行さる。薬師護摩、如意輪護摩、北斗供、已《い》上三壇、法印一人これを兼修す。

時頼の室の着帯の加持も、三壇の護摩も、隆弁は手厚く真言密教の修法に則って行じた。思うに、出産は、日常の中で最も身近な出来事の一つである。前近代の中世にあって、出産には、多くの危険を伴なうこと、言うまでもない。それゆえ、時頼といえども、この一大事には最も信を置いている護持僧を起用したに相違ない。

時頼は、隆弁に全幅の信頼を置いていた。そのことが、最も顕著に現われたのが、愛息時宗の出産のときだった。

建長三年（一二五一）五月十五日のこととして、『吾妻鏡』はこう伝えている。

若君（時宗）誕生す。（中略）そもそも、この誕生祈禱の事、相州（時頼）に対して、若宮別当法印（隆弁）、等閑ならず、これを付け示さる。よって、鶴岡八幡宮の宝前において、去年の正朔より丹誠肝胆をくだく。夢の告《つげ》これあり。同八月妊《はら》ましめたまうべきの由、申さるる上、今年二月、伊豆国三嶋社壇に侍して、祈請するの間、同十二日寅の尅《こく》、夢に白髪の老翁、法印に告げて曰《い》わく、祈念するところの懐婦、来五月十五日酉の尅《こく》、男子を平産すべきなりと云々。果たして旨のごとし。奇特といいつべきか。

老翁の夢告をえた隆弁は、時宗の出産日時を、五月十五日と予告していたが、それが寸分違わず、現実のものとなった。

全く奇特なことであった。この信じて疑わない隆弁の法験のかずかず。これには、さすがの時頼も、「今度の男子の出産、しかしながら御法験の致す所なり。なかんづく、兼日の仰せ、一事も相違なし。言語の及ぶところにあらず」と、隆弁にはただ脱帽、感服するのみであった。ときに、建長三年五月二十七日のことである。

実は、この執権時頼と隆弁との法的結合は、安産祈禱に限るものではなかった。

仮りに、この安産祈禱を時頼と隆弁の私的な交流とすれば、公的なそれは、「戦勝祈禱」であった。

真言密教による戦勝祈禱

隆弁による「戦勝祈禱」の様子を、『吾妻鏡』は、こう報ずる。

（宝治元年六月十三日）去る三日、始行さる所の如意輪法、結願の間、大納言法印、巻数を献ず。よって、左親衛（時頼）、仰信の余り、御自筆を染め、賀章を遣わさると云う。今度の合戦の間、関東の平安、しかしながら、御法験の致す所なりと云々。

『吾妻鏡』によれば、隆弁は、例の「宝治合戦」に際し、真言密教の如意輪法に基づき、戦勝と幕府の平安の祈禱を行じ、その法験あって、幕府は勝利を納め安泰であった、という。

また、如意輪法が結願したのを機に、隆弁はその巻数（経典）を時頼に献じた。これに感激した時頼は、自筆の賀章を送った、という。

時頼の隆弁に対する謝意は、これで終わらなかった。その二週間後、時頼は隆弁に、人生における最高のプレゼントをした。

（宝治元年六月廿七日）大納言法印隆弁をもって、鶴岡八幡宮別当職に補佐さる。

隆弁は、晴れて、幕府の「宗教センター」たる鶴岡八幡宮の第九代目の別当に任命されたのである。

これを機に、隆弁と時頼ないし幕府との仏教を通した結合が、加速的に深まっていったことは、改めて言うまでもなかろう。幕府の「宗教センター」たる鶴岡八幡宮が真言密教に彩られ、それが臨済禅の重用と相まって、「禅密主義」を形成したことは、これまでも述べてきたところである。

時頼と真言密教

今また、隆弁の真言密教の修法の状況を、少しく垣間見た。幕府はもとより、時頼の日常的な生活にまで、いかに真言密教が深く入りこんでいるかを、私たちは、ほぼ確認したところである。

それでは、隆弁の言動を通してではなく、時頼個人の言動から、その真言密教への傾斜の様子が読み取れるのであろうか。

次の一文が、その史料的根拠である。

最明寺入道（時頼）殿の御宿願に依って、御影堂に於て、三口の供僧を以て、長日供

養法両界隔日を始め置かるべきの由、内々、仰せ下され候。おのおの、三壇の一臈《ろう》を以て、
その職に補さるべく候也。

恐々謹言

正元二年二月五日　空恵（花押）

（『鎌倉遺文』、原漢文）

時頼は、日頃の宿願であった真言密教の金剛・胎蔵の両界の供養を、それを勤める導師の任命と併せて、真言密教の総道場である高野山に命じていたのである。

ここに、時頼と隆弁が、この真言密教を通して、ますます和合していくことは、火を見るより明らかである。

「中世は宗教の時代」である。仏教者時頼の仏教的な営みが、何も隆弁を介するものだけではなかった。その営みは、さらに、広範にわたっていた。

時頼の個人供養

その一つとして、時頼自身の、どちらかといえば、内発的な個人に対する供養がある。幼少のときより、時頼の行く末をおもんぱかっていた祖父泰時に対する回向《えこう》が、その例である。

前武州禅室（泰時）の十三年忌、かの墳墓の青船御塔に供養さる。導師信濃僧正道禅、

真言供養也（中略）相州（時頼）、御聴聞。（『吾妻鏡』）

泰時の十三回忌の供養が、手厚く施された。ときに、建長六年（一二五四）六月十五日。この時の修法も、案の定、真言密教であった。

時頼の個人供養として、祖父泰時とともに特筆されるのは、やはり、幕府の草創者頼朝であった。頼朝に対する法供養は、『吾妻鏡』による限り、寛元四年十月十三日を初見に、宝治元年九月十三日、同二年十二月十三日、建長四年一月十三日、同六年十二月二十六日というように、回数的にも群を抜いていた。例えば、

（寛元四年十月十三日）左親衛（時頼）、右大将家（頼朝）の法花堂に参られ、恒例の仏事を聴聞しめ給う。

と、時頼は法華堂に参って頼朝を供養した。

幕府の仏事として、恒例となっていたこの法華堂参詣を、仏教者時頼は恐らく、毎事勤めたに違いない。

時頼の広汎にわたる仏教的な営みとして、この「個人供養」とともに、注目されるのに、「諸寺参詣」がある。

仏教者時頼は、幕府草創いらいの宗教施設である、例えば、勝長寿院・永福寺・聖福寺などへの参詣も怠らなかった。

そのうちの聖福寺には、特別の思いがこめられた参詣であった。

聖福寺の鎮守諸神殿の上棟（中略）、これ惣《そう》じて、関東の長久、別して相州（時頼）の両賢息の息災延命のためなり。よって、かの兄弟両人の名字をもって、寺号に模せらる。

聖福寺の神殿は、このように、子息（時宗と宗政）の延命祈願を目的にした上棟であり、しかも、その寺号は、時宗と宗政の幼名に因んで命名されていたのである。時頼の聖福寺に参る足取りが、勢い軽やかになるのも、無理からぬことであった。

諸寺参詣と建長寺の建立

時頼は、仏教者として、常にこの諸寺参詣を欠かさず、勤めていたに相違ない。が、時頼には、この諸寺参詣と深く関わる、とりわけ重大なことがある。仏教者時頼にとっても、また幕府にとっても、最も画期的な意味をもつものである。建長寺の建立・供養がそれである。

この幕府史上においても、画期的な建長寺の建立・供養について、『吾妻鏡』は、こう報じている。

（建長五年十一月廿五日）建長寺の供養なり。丈六の地蔵菩薩をもって中尊となし、また同像千体を安置す。相州（時頼）、ことに精誠をこらしめ給う。去ぬる建長三年十一月八日、事始めあり。すでに造畢《ぞうひつ》するの間、今日、梵席を展《の》ぶ。願文の草は、前大内記茂範朝臣、清書は相州（時頼）、導師は宋朝の僧、道隆禅師。また一日の内に五部の大集経を写し供養せらる。この作善の旨趣は、上は皇帝の万歳、将軍家および重臣の千秋、天下の太平を祈り、下は三代の上将、二位家（政子）ならびに御一門の過去、数輩の没後を訪《とぶら》ひたまうと云々。

建長三年（一二五二）十一月八日に、建立を始めていた建長寺は、これより先に竣工していたが、その造立の供養が営まれたのは、建長五年十一月二十五日であった。丈六の中尊と千体の地蔵菩薩・地蔵像を前に、心からなる精誠の祈りを捧げる時頼。母松下禅尼の養育のなかで覚えた「堂作り仏作り」に興じた幼少の頃のことを、想い起こしながらの祈りであったろうか。

願文の清書は、時頼みずから手を染めた。この空前の一大事業の導師を勤めたのは、勿論、宋朝の僧＝臨済禅僧蘭渓道隆である。

想えば、北条政子と栄西の頃に始まる幕府と臨済禅との交流。それが今ここに、時頼と蘭渓道隆の交流による建長寺の造立・供養をもって、ひとつの大きな具象的な実りを結んだのである。

幕府の「禅密主義」という臨済禅と真言密教を拠りどころにして、高らかに聳《そび》えたつ「武家的体制仏教」の世界。

この世界を、二つの屋台骨がしっかりと支えている。一つは真言密教を彩る「宗教センター」としての鶴岡八幡宮であり、もう一つは、この臨済禅の象徴的としての建長寺である。

建長寺が造立されたということは、北条政子に端を発した臨済禅の重用が、泰時を経て、この時頼の治世下に、一定のピークを迎えたことを意味する。

幕府と臨済禅との関わりの上で、このような画期をもたらしたのは、繰り返すまでもなく蘭渓道隆であった。

建長寺の造立供養の導師を勤めた道隆は、この供養に先立ち、将軍家の安寧と天下の安泰そして、仏法の隆盛を寿ぐ次のような一文を牌に刻んだ。

伏して願くは、三品親王（宗尊）征夷大将軍、干戈《かんか》偃息《えんそく》して、海晏《やす》く、河清《きよ》し。五穀豊登して、万民康楽なり。法輪常転して、仏日増輝せんことを。(『鎌倉遺文』所収「梁

牌銘」、原漢文）

ときに、建長五年十一月五日。この牌に、時頼自身も、諸天に公武の長久と幕府の繁栄を祈念する文を刻んだ。

時頼と道隆の臨済禅を介した交流は、この建長寺の建立を機に、一気に深まっていく。道隆とのめぐり会いを通して、なお一層、仏教者としての自覚を深めていった時頼が、執権の職を辞したのは、康元元年（一二五六）十一月二十二日。

時頼は、執権の辞職に先立ち、第二の人生ともいうべき出家後の住居を造営していた。最明寺《さいみょうじ》の造立である。

将軍家（宗尊）、山内の最明寺に御参。この精舎《しょうじゃ》、建立ののち、始めての御礼仏なり。相州（時頼）、御素懐をとげらるべきの由、内々その沙汰あり。（『吾妻鏡』）

時頼の日頃の素懐である出家が、最明寺の建立とともに、ここにかなえられることとなった。康元元年七月七日のことである。

仏教の真の求道者となった後の時頼は、装いも新たにして、どのような仏教理解を示し、どのような仏教実践をしたのであろうか。

項を改めて、もう少し、「仏教者としての時頼」を、追跡してみることにしよう。

時頼の出家

康元元年（一二五六）十一月二十二日、時頼は、十年間にわたる執権の職を辞し、一応、幕閣の外に身を置くこととなった。

しかし、これは既述したように、愛息時宗の将来を見越した辞職で、これ以後も、依然として、後見人としての専権を振い続けた。

それでも、形の上では、執権退任の翌日、時頼は正式に仏門の人となった。

（康元元年十一月廿三日）最明寺に於て、相州（時頼）、落飾せしめ給う。年三十。日来《ひごろ》の素懐によってなり。御法名は覚丁房道崇《どうすう》と云々。御戒師は宋朝の道隆禅師なり。

時頼は、日ごろの素懐である出家を、前の建長寺の建立以来、帰命してやまない道隆を戒師として、晴れて遂げた。

覚丁房道崇の誕生である。幼年の頃より、仏教者でもある母松下禅尼の薫陶を受けて育った時頼は、いま、ひとりの仏者として、もうひとつの大輪を咲かすべく、仏門へと門出したのである。

仏教者時頼は、出家・受戒後、一週間目にして、自らの「逆修」（生前に、あらかじめ自分のために、仏事を修して冥福を祈ること）を、自寺の最明寺で執り行なった。そこにあるのは、従前の執権時頼という「武将としての顔」ではなく、一介の僧侶として、自らの仏事を厳《おごそ》かに修す「仏教者としての顔」であった。

皇室を思いやる道崇

正式に仏教者となった時頼こと道崇は、仏門への旅立ちを、「願文」の形をとって、伊勢神宮にも報告し、その中で、皇室に対する敬意を、こう表明した。

仰ぎ願わくは、二所の太神、般若の花を受け、もって法楽を増さんことを。伏して乞うらくは、三品の大王、よって耆薬《きやく》なく、もって仙齢を保たんことを。およそそれ、国家を擁護するものは、神の明徳なり。わが願い、すなわちこれにあり。民黎《みんれい》を富饒《ふぎょう》するものは、経の恵力《えりき》なり。わが願い、またこれにあり。(『吾妻鏡』、原漢文)

ときに、正嘉元年（一二五七）四月十五日。道崇は、自らの仏教者としての大成と、皇室の保安を伊勢神宮にこう祈った。道崇は、仏教者として、神の徳なくして国家の安泰なきこと、仏の恵力なくして民の富裕なきことを、伊勢神宮に敬白したのである。

この敬白文には、まがうことなく、仏門に身を置いた者ならではの息遣いが、漂っている。

と同時に、この敬白文から、私たちは、執権在職時と何ら変わらない、時頼の皇室に対する思いやりを、感じとることができる。

庶民のための疾病祈禱

執権退任後も、幕政の後見人として、大きな発言力を保持し続けた道崇であるから、世事についても、一時たりとも、眼を離すことはなかった。

例えば、文応元年（一二六〇）六月十二日、「人庶の疾病対治のため、祈禱いたすべきの由、今日、諸国の守護人に仰せらる」と、庶民のために発布した、次の、「疾病祈禱」などは、その一つの例であろう。

諸国の寺社、大般若経転読の事、

国土安穏、疾病対治のために、諸国の寺社において、大般若・最勝仁王経等を転読せらるべきなり。早くその国の寺社の住僧に仰《おお》せて、精誓を致し転読すべきの由、地頭等に相触れせしむべきなり。かつは知行所において、堅固に下知せしむべきの状、仰せによって、執達件の如《ごと》し。（『吾妻鏡』）

庶民救済のために、疾病祈禱を命ずる「御教書」を諸国に発すること自体、仏教者道崇ならではの計らいである。この計らいには、仁政を思念してやまない「武将としての時頼」の顔も、見え隠れしている。

出家後の道崇の仏教に打ち込む姿は、弱者の苦しみを救わんとする仏教者そのものの姿であった。

道崇は、時とともに、一介の仏教者として、さまざまの仏事を営んでいった。

一介の仏教者として

例えば、正嘉二年（一二五八）二月十三日には、兄経時の十三年忌を、自寺の最明寺で修している。道崇は、その法主として、七ケ日間にわたる五種行をはじめた。この七ケ日の「五種行」が結願した日、こんなことが起った。

最明寺の五種行、今日結願す（中略）普賢菩薩の像ならびに法花経二部を供養せらる。内一部は、聖霊の遺札を漉《す》ける真文料紙たり。第一巻は、法主（時頼）手づからこれを書写したまう。（中略）これすなわち、法主（時頼）といい聖霊（経時）といい、かの風情を好ましめたまうによるが故なり。唱導言語、詳《つまびら》かにして委《くわ》しくその旨趣を述ぶ。結縁の緇素《しそ》、皆嗚咽《おえつ》すと云々。（『吾妻鏡』、原漢文）

兄経時の十三年忌に、弟の道崇（時頼）は、仏教者として、丁寧の限りを尽くす「五種行」を施した。

この結願に際し、「法華経」二部を写経供養した。その一部の料紙には、経時の残した書札を使用し、その冒頭に、時頼が自ら「法華経」第一巻を書写したという。

この仏教者ならではの時頼の心洗われる配慮と、時頼の手になる「唱導」の文が、余りにもリアルであったため、そこに結集した者は、道俗の別なく、一様に感激のあまり、涙にむせんだというのである。

この仏事供養などは、仏教者道崇にして、初めてなしえたものである。私たちは、そこに、一介の僧侶としての最明寺の住持道崇の姿を、はっきりと想い浮かべることができる。

また、こんなこともあった。弘長元年（一二六一）九月三日、鶴岡八幡宮供僧の審範なる高僧の臨終にかけつけ、道崇はこう語ったという。

禅室（時頼）重ねて仰せて云わく、最初行摂の願、返す返す憑《たの》みありと云々。宗門においで大悟を開きたまうといえども、なおもって行摂の縁を結びたまう。（『吾妻鏡』）

道崇は、いま一介の仏教者でありながらも、審範が鶴岡八幡宮の供僧として奉仕してきたときのことなどを想い起こしたのであろうか、その当初に結んだ審範との縁に感謝しながら、今まさに臨終を迎えようとしているその審範に、「なおもって行摂の縁を結びたまう」と、無心に慕う道崇の心情を、何と説明しようか。

奥深き仏道を、ただ真摯《しんし》に、ひたすら謙虚に求めようとする清澄な心、仏に仕える無私の清浄な心といわずして、何と言おう。

道崇（時頼）の心を、これほどまでに、清澄、清浄にさせたものは、何であろうか。勿論、一つには、幼年の砌《みぎり》より修得してきた仏道精進のさまざまな営みがある。もう一つは、その家庭を離れた外なる宗教的環境があろう。出家以前の時頼に、決定的な「外なる宗教的環境」を提供したのは、既述したように、鶴岡八幡宮別当の降弁であった。時頼の出家後のそれは、言うまでもなく、建長寺開山の臨済禅僧の蘭渓道隆である。

道隆への帰命

道崇が、いかに道隆に深く信命していたかは、前にみた建長寺供養や出家受戒の際の交わりの中に、十分に示されているが、いまひとつ、その具体的な事例を挙げるなら、次の時頼自書の「僧蘭渓に与うる書」がある。少し冗長になるが、時頼の道隆に対する仏恩の深さを知る上で、意義ある一文なので、労をいとわず、引いてみよう。

僧蘭渓に与うる書　　　　　平　時頼

倩《つらつら》、大師和尚（蘭渓）の恩徳を思うに、多劫を経るに、争《いかで》か報謝せんや。まことにこれ、手足を供《ぐ》したまう。頭頂礼敬するに、及ぶべからず。悲しきかな、尊顔（蘭渓）すでに隠れんことを。徒《いたずら》に、往事を思うに、心を痛ましめ、遺徳を忍ぶに、紅涙《こうるい》落つるものなり。大聖になお、道なく、心を労するに由なし（中略）たとい、入地してもなお、失わず、また天宮に上りても忘れることなし。和尚指示の一句をもって、にわかに胸中に在らしめ、心々念々、これを提撕《ていせい》し、挙げてこれを覚す（中略）和尚と弟子と、二無く分れ無し。別無く、断無し。（『鎌倉遺文』）

この「僧蘭渓に与うる書」は、時頼が最晩年に、蘭渓道隆との離別を惜しみ、往年の恩徳を偲んで認《したた》めた文である。

時頼の道隆に対する多年にわたる恩徳の数々、道隆をどこまでも仏道の師として仰ごうとする弟子時頼の姿、別れてもなお師説を相承しようと誓う、法弟時頼の顔が偲ばれて十分である。

そこには、道隆と時頼が「二無く、分れ無し、別無く、断無」く、臨済禅という仏縁によって堅く結ばれた師弟二人がいる。

時頼の臨終

道隆との交流を通して、仏道に余念のなかった道崇（時頼）も、弘長三年（一二六三）の八月頃から病を得るに至る。

十一月に入ると、等身大の千手菩薩像を造立して、平癒の加持祈禱をするようになる。日とともに、その祈禱も「法華護摩」「五穀断食の行法」さらには、極めつけの真言密教の「不動護摩・三時護身」とその行種を変えて、修法に修法を尽くした。

が、いかんせん、その法験も道崇の病身には届かず、十九日には「ことすでに危急に及ぶ」と、容体が急変。

翌二十日、武田五郎三郎、宿屋左衛門尉ら七人の御家人が、寂莫のなか、最期の看病に勤めた。

しかし、全ての甲斐なく、私たちの道崇＝時頼は逝った。弘長三年（一二六三）十一月二十二日、享年三十七歳だった。

時頼の臨終の様子を、『吾妻鏡』はこう伝える。

入道正五位下行相模守平朝臣時頼御法名道崇、御年三十七、最明寺の北亭において卒去す。御臨済の儀、衣袈裟《けさ》を著し、縄床に上りて、座禅せしめたまう。いささかも動揺の気なし。頌《じゅ》に云わく、

業鏡高懸三十七年　一槌打砕大道坦然

弘長三年十一月廿二日　道崇珍重

少しも動揺することなく、禅を行ずるようにして、道崇は自寺・最明寺で逝った。その臨済の頌の響き、何とも禅的なことか。

『吾妻鏡』は、時頼の卒年記事をこう記した。

平生の間、武略をもって君を輔《たす》け、仁義を施して民を撫す。しかる間、天意に達し人望に協《かな》う。終焉《しゅうえん》の刻、叉手《しゃしゅ》して印を結び、口に頌《じゅ》を唱えて、現身成仏の瑞相を現ず。もとより権化《ごんけ》の再来なり。誰かこれを論ぜんや。

時頼は、「武略をもって君を輔け」、「仁義を施して民を撫す」武将であった。また同時に、「権化の再来」の仏教者でもあった。

卒年記事に見える臨終時の、叉手して印を結び、現身成仏した姿は、まさに時頼が平生の間、一心に帰命してきた臨済禅と真言密教の作法にそっくりである。

時頼は、「時代の子」として、幕府の奉ずる「禅密主義」を基調とする「武家的体制仏教」の世界に、その身を置き、その中で黄泉《よみ》の国へと旅立ったのである。

時頼を追慕する御家人の出家

時頼の臨終は、各方面にショックを与えた。なかでも、御家人層のショックは隠しようもなく大きかった。

時頼、臨終の報、伝わるや道俗貴賤、群を成してこれを拝したてまつる。尾張前司時章《おわりのぜんじときあき》、丹後守頼景《たんごのかみよりかげ》、太宰権《だざいのごんの》少弐景頼《しょうにかげより》、隠岐守行氏《おきのかみゆきうじ》、城《じょう》四郎左衛門尉時盛《さえもんのじょうときもり》ら、哀傷休しがたきによって、おのおの鬢髪《びんぱつ》を除《はら》う。そのほかの御家人らの出家、甄録《けんろく》にいとまあらず。皆もって出仕を止めらる。（『吾妻鏡』）

というように、多くの道俗がどっと、弔問に押し寄せた。また哀傷やみがたく、時頼を追慕しての、御家人たちの出家も続出した。これには、幕府も驚いた。このひきも切らない御家人の出家に対して、幕府は、次のような制止令を出さなければならなかった。

相模入道（時頼）逝去の御事によって、御家人等出家せしむべからざるの由、先日仰せ下さるるのところ、御制を背き、多くもって出家すと云々。その国の御家人中、出家の輩を注し申さるべきの状、仰せによって、執達件《くだん》の如《ごと》し。

弘長三年十二月十日

某殿

（『吾妻鏡』）

幕府をして、何度も出家の制止令を出させるほど、時頼を追慕する御家人が多かったのである。

武将としては、ときに「専断」を振い、ときに「恩情」を施してやまない撫民の為政者時頼は、常に弱者を救済せんとする人でもあった。「中世の黄門」のような人であった。

また一方、仏教者としては、「時代の子」として、幕府の奉ずる臨済禅と真言密教の総和たる「禅密主義」を、みずから道隆と隆弁との交流の中に推進・展開した「武家的体制仏教」者でもあった。

この類を見ない武将にして仏教者という二つの顔を併せもつ時頼の人となりは、はなはだ魅惑的である。この点、臨終の折、哀傷やみがたく、追慕出家しようとする者、あとを断たなかったのも、至極当然、無理もないことであった。

歴史にあまり類をみないこの稀有の執権時頼に、果敢に法を伝え弘めようとする一人の僧がいた。世にいう「法華経の行者」日蓮である。

執権時頼と「法華経の行者」日蓮との対決もまた、時頼のみならず、幕政史上においても、中世仏教史上においても、看過しえない重大事であった。

運命の対決

日蓮と時頼

対決の前夜

本章の視点

「法華経の行者」日蓮《にちれん》は、ときの最高権力者時頼に、国諫の書ともいうべき『立正安国論《りっしょうあんこくろん》』を上呈し、『法華経』の採用を迫った。ときに、正元二年（一二六〇）七月十六日。

まさに、日蓮と時頼との運命的対決である。この『立正安国論』の上呈が、無惨にも踏みにじられ、こののち、日蓮の生涯が法難に泣く、波乱万丈に彩られた生涯になったことは、人のよく知るところである。

日蓮は、なぜ『立正安国論』を幕府に上呈し、『法華経』の採用を迫ったのか。日蓮の説く『立正安国論』とは、具体的にどのような世界なのであろうか。

さらには、時頼ないし幕府は、どうしてこの日蓮を終始、弾圧しようとしたのか。これこそ、冒頭に掲げた、鶴岡八幡宮別当の隆弁の重用と並ぶ時頼をめぐる「疑問」であった。この疑問に応えるには、どうしても、当時の歴史的背景に思いを致さない訳にはいかない。

時頼に大きな期待を寄せた祖父泰時の生没年は、一一八三年～一二四二年であり、日蓮のそれは、一二二二年～八二年である。一方の時頼は、一二二七年～六三年である。三人は相互に、同時代人として、重なる形で生きていたのである。

しかも、泰時と日蓮の生きた時代は、泰時の晩年の二十年間、ぴったりと重なっていた。したがって、日蓮と時頼の運命的な対決を問うには、ことの必然として、その序曲として、泰時に触れなければならない。

時頼といえども、「時代の子」であり、私たちのいう「禅密主義」に拠る「武家的体制仏教」の世界は、幕府の草創からの歴史的所産でもあるからである。

泰時と旧仏教者の念仏弾圧

泰時を中心とする幕閣の奉ずる宗教世界も、幕初以来、営々と続いてきた「禅密主義」に彩られた「武家的体制仏教」であった。

泰時の「武家的体制仏教」を悩ます、ある不穏の動きがあった。巷《ちまた》に広まる念仏宗の動向である。

泰時はこの念仏宗の流布に対して、統制・弾圧を加えた。文暦二年（一二三五）のことである。このとき、日蓮は十三歳、故郷の安房《あわ》国（今の千葉県）清澄寺《せいちょうじ》で修行中。時頼は、弱冠八歳、戒寿丸と呼ばれ、「堂作り仏作り」の遊びに夢中になっていた頃である。

泰時は、念仏宗に対して、こう統制を加えた。

道心堅固の輩においては、異儀に及ばず。しかるにあるいは魚類を喰《くら》い、女人を招き寄せ、あるいは党類を結び、酒宴をほしいままに好むの由、遍《あまね》くその聞えあり（中略）その身に至っては、鎌倉中を追却せらるべき也。（『中世法制史料集』、原漢文）

泰時は、臨済禅と真言密教を重用する「禅密主義」者として、この反倫理的、反社会的行動におよぶ念仏者を、容認しがたく、鎌倉から追放しようとしたのである。

しかし、「道心堅固の輩」は、その対象ではないとしている。したがって、幕府がこのとき統制・弾圧を加えたのは、念仏宗の全体ないしは、「宗」＝セクトそのものではない。

それでも、泰時の治世のころには、「身にもすまじき事をも許し、口にも言ふまじきことをも許し、心にも思ふまじきことをも許す」（『親鸞書状』）という、世にいう「本願ぼこり」の徒が、鎌倉にも少なからず進出していた。

このような法然《ほうねん》浄土宗の信徒の横行を、泰時は、文暦二年に統制したのである。法然が「専修念仏」による極楽往生を説き、浄土宗を開宗したのは、安元元年（一一七五）であった。それから、約半世紀を経た文暦二年（一二三五）には、幕府の「武家的体制仏教」の外側に、「反体制仏教」として、法然の浄土宗が、着実に庶民の心の中に根づいていたのである。

思えば、この法然の浄土宗に、いち早く弾圧を加えたのは、泰時ないし幕府ではなく、既存の旧仏教者、私たちのいう「公家的体制仏教」者であった。かれらは、開宗間もない浄土宗を、「宗」＝セクトそのものとして、弾圧を加えた。

そのひとりが、興福寺の解脱坊貞慶《げだつぼうじようけい》である。かれは、元久二年（一二〇五）、『興福寺奏状』を草し、ときの後鳥羽上皇に訴えて出た。生涯、戒律を厳守し、学徳一世に聞こえた法相宗《ほっそうしゅう》の学僧たるかれが、法然の犯している念仏宗の過失を、九箇条にわたって訴えたのである。その「第九の失」を述べる中で、かれは、ついに

仏法と王法は身心のごとし。仏法と王道とは永く乾坤《けんこん》に均《ひと》しからん。

と絶叫《ぜっきよう》し、仏法と王法、すなわち仏教と政治は、身と心、天と地のような関係であると、まさに、旧仏教の代表として、「八宗同心」の立場から念仏宗を糾弾したのである。

この奏状が功を奏してか、法然とその門弟たちは処罰された。承元元年（一二〇七）の、いわゆる「承元の法難」である。

これによって、法然は土佐に、高弟の親鸞《しんらん》は越後に流された。

これぞまさしく、貞慶を代表とする「公家的体制仏教」による、法然・親鸞の「反体制仏教」の弾圧・排斥であった。

だが、専修念仏の「反体制仏教」は、この「承元の法難」によって、根絶はしなかった。念仏を求める救済の声は、朝野に拡がりこそすれ、衰えることはなかったのである。

こうしたなか、もうひとりの旧仏教者＝「公家的体制仏教」者である明恵《みょうえ》も、念仏宗に反駁《はんばく》する筆をとった。ときに、建暦二年（一二一二）、『摧邪輪《さいじゃりん》』がそれである。これより先の建永元年（一二〇六）、後鳥羽上皇から栂尾《とがのお》山を賜り高山寺《こうさんじ》を再興し、華厳宗《けごんしゅう》の興隆に余念のなかったかれが、貞慶につぐ第二の念仏宗の糾弾を行なったのである。

明恵はこの『摧邪輪』の中で、念仏宗が仏教の根本である菩提心を廃する失《とが》と、聖道門（旧仏教）を群賊にたとえた失、という二つの失を犯していると論難した。

その上で明恵は、正式な行法（正念正見）でない念仏によっては、仏・宝・僧（三宝）が滅亡し、ひいては国土も損《そこな》われる、そのとき、善神が国を捨てるのを見はからって、悪鬼が国土に入りこみ、その結果として、刀兵災・疾疫災・飢饉災の「三災」が起こると、警告したのである。

このような、「公家的体制仏教」者である旧仏教者の貞慶と明恵の念仏宗批判を前提にして、文暦二年（一二三五）、泰時の念仏宗弾圧が行なわれたのである。

じつは、泰時が「武家的体制仏教」を充実し実践しようとするとき、障害となったのは、この念仏宗ひとりではなかった。それ以上に、手を焼いたのは、僧兵対策であった。

幕府による僧兵禁圧

そもそも、僧兵とは、武器をとって闘争に従事する僧侶のことである。こうした僧侶が存在すること自体、世俗的な全ての営みから超越することを目的にする仏教からすれば、あるまじきことではあった。

しかし、古代日本においては、これが仏教の宿命的下降史観の「末法思想」をひとつの時代思潮にして、永承七年（一〇五二）の「入末法」を機に、ますます量産されていった。この時代思潮を背景にして、僧兵は荘園領主でもある当時の寺院の中に組織的に産み出されていった。

古代末期～中世にかけて、「奈良法師」と呼ばれた興福寺、「山法師」と呼ばれた延暦寺、「寺法師」と呼ばれた園城寺の僧兵は、その中でも最も有力で、かれらは相互に勢力争いをくり返すだけでなく、しばしば朝廷や幕府に強訴した。

このような僧兵の暗流が激しく波打つ鎌倉時代にあって、泰時とて例外なく、この僧兵に悩まざるを得なかった。

泰時は、文暦二年（一二三五）、前の念仏宗門の統制とセットにして、僧兵の禁圧を命じた。

僧徒の兵伏を禁遏《きんあつ》せしむべき事

厳制すでに重畳、なかんづく山僧の武勇に至っては、承久の兵乱ののち、ことに停止されおわんぬ。しかるに近年、弓箭《きゆうせん》兵具を帯して、洛中を横行する僧徒、多くもってその聞えあり。（『中世法制史料集』）

弓箭《ゆみや》兵具をもって、京都を横行する僧徒が、いっこうに跡を絶たないというのである。軍事部門を担う幕府としては、それが京都であれ、禁止せざるをえない。幕府が、最も警戒していたのは、山僧すなわち、延暦寺の僧兵であった。なぜならば、この当時、幕府の御家人体制の中核をなす地頭と、この山僧とが政治的に結びつくような動きをしていたからである。

幕府は、この憂慮すべき事態を避けるべく、その結合を、こう禁じた。

山僧をもって、預所《あづかりどころ》ならびに地頭代に補すこと、相互喧嘩の基也。よって、地頭代に補すことにおいては、一向に停止せしむべし。(『中世法制史料集』)

延応元年（一二三九）七月二十六日のことである。

「禅密主義」を採る幕府の「武家的体制仏教」にとって、法然の念仏宗門という「反体制仏教」も、「公家的体制仏教」の中核をなす天台宗の僧兵＝「山僧」も、ともに排さなければならない存在であった。

日蓮の京畿遊学

念仏宗と山僧を厳しく統制しながら、幕府の「武家的体制仏教」を推し進めていった泰時も、仁治三年（一二四二）、六十歳の生涯を閉じた。孫時頼に幕府の後事を託しての旅立ちであった。時頼、十五歳のときである。

この仁治三年、一方の日蓮は「日本第一の智者」となるべく、いったん鎌倉の地を離れ、京畿地方に遊学に赴く。

求道の志に燃える日蓮は、比叡山を中心に、園城寺・高野山そして天王寺等の寺々を、文字通り、東奔西走して教えを請うた。

この頃、大和国（今の奈良県）では、真言律宗《しんごんりつしゅう》の叡尊《えいそん》とその高弟忍性《にんしょう》が、私たちのいう「公家的体制仏教」者として、西大寺を拠点にして、近辺の諸寺に赴いては戒を授けたり、あるいは囚人に沐浴させたりして、ますますその布教活動に励む日をすごしていた。

また山城国（今の京都府）にあっては、道元が興聖寺に止住しながら、「反体制仏教」たる曹洞禅《そうとうぜん》に拠り、学人の育成と在俗の教化に身魂を傾けていた。

が、日蓮は京畿において、この道元にめぐり会うことはなかった。

この頃、法然の高弟親鸞も、在洛していた。東国稲田郷での弘通活動を終え、帰洛していたしかし、日蓮は道元と同じく、この親鸞にも出会うことはなかった。日蓮は日本中世を代表する道元・親鸞という「反体制仏教」者と、同じ京畿地方で、同じ星のもとにいながら、ついに、歴史的な邂逅《かいこう》をとげることはなかったのである。

日蓮の、仁治三年（一二四二）～建長四年（一二五二）の京畿遊学中に、鎌倉ではひとつの大きな政治的変化があった。時頼が兄経時のあとをうけ、寛元四年（一二四六）、二十歳の若さで待望の執権の座に就任したことである。幕府の五代目執権の誕生である。

日蓮の開宗宣言と時頼の山僧統制

日蓮は、十年間におよぶ京畿遊学の中で、じつに多くのことを学んだ。比叡山で天台教学をはじめ、高野山で真言宗などを学んだのである。

その日蓮が、いま京畿を去ろうとしている。丁度《ちょうど》、できのいい答案を片手に持って、両親の許《もと》にひた走る学童にも相似た思いで、故郷の安房国に帰ろうとしている。ときに、建長四年（一二五二）。

郷里入りした日蓮は、翌五年四月二十八日、つぎのように開宗を宣言した。

安房国長狭《ながさ》郡之内東条の郷、今は郡也。天照太神の御厨《みくりや》、右大将（頼朝）家の立始《たてはじめ》給《たまひし》日本第二のみくりや、今は日本第一なり。比郡の内《うち》、清澄寺と申《もうす》寺諸仏坊の持仏堂の南面にして、午《うま》時に此法門申《もうす》。（『聖人御難事』）

日蓮は、故郷安房国東条郷の清澄寺の持仏堂において、「此法門」すなわち、法華《ほっけ》宗《しゅう》を申しはじめたのである。日蓮宗の開宗である。

この開宗が、清澄寺でなされたことは、この当時、東条郷が念仏宗に染まりつつある時期であったことを思えば、念仏宗の一掃を意味していたといえる。

この頃、日蓮の郷里東条郷は、念仏宗の信者でもある地頭の東条景信に牛耳られていた。浄土教批判という点では、宗派の別こそあれ、日蓮も前の旧仏教者の貞慶と明恵と軌を一にする。開宗の頃の日蓮は、貞慶と明恵と同じく、天台法華経に拠る「公家的体制仏教」の立場をとっていたのである。

日蓮が清澄寺で開宗宣言した頃、執権時頼は、ある禁令を発布していた。山僧らの寄せ沙汰の禁止である。

祖父泰時の治世の中で、幕閣を悩ましたのは、念仏宗と山僧を中心とした僧兵であった。この孫時頼の今は、念仏宗の禁令は見えない。幕府の禁止という政治的な力をはるかに越えて、念仏宗が庶民・武士の信仰的な世界の中に溶け込んでいたからであろう。

祖父泰時から孫時頼に時間が流れているうちに、念仏宗は着実に、庶民化していたのである。時頼の治世下には、念仏宗を禁止、統制する時代は、もう終わっていたのである。が、泰時の時と変わらず、この時頼の世においても統制され続けていたのは、山僧であった。山僧すなわち、山門の僧兵＝比叡山延暦寺の僧兵に、幕府はなぜそんなに、神経を使って、異常なまでに警戒したのか。

泰時の世にあっては、ただその武力が強力・勇猛であるという理由から、危惧していた。しかし、時頼の今は少し違う。それは、山僧が延暦寺の宗教的権威をカサに着て、「寄せ沙汰」を請け負っているからである。

「寄せ沙汰」とは、訴訟の必要が生じたとき、その当事者である甲が、政治的・宗教的な優位者である乙に依頼する、いわば、表面上、当事者を変更する策略的行為のことをいう。

この時期の「寄せ沙汰」とは、山僧が乙に相当する行為をおこない、甲から一定の代償をとっていたことを意味する。いわば、荘園における請負的代官として暗躍する、このような山僧を、執権時頼が放置する訳がない。時頼が、武装化の上に商業的要素も加味した山僧のこうした「寄せ沙汰」を厳禁したのは、建長二年（一二五〇）のことであった。

幕府が最も危惧したこの山僧の本拠地は、延暦寺である。日蓮はこの天台宗の根本道場たる延暦寺が伝える『法華経』の中にこそ、唯一、絶対的な真理があると京畿遊学の中で決断し、それを建長四年（一二五二）、法華宗として立宗開示した。

この日蓮が採択した天台宗の再興という「公家的体制仏教」者としての出発と、執権時頼が奉ずる幕初いらいの「禅密主義」を基調とする「武家的体制仏教」の継承という、まさしく日蓮の「出発」、時頼の「継承」こそが、両者の運命的対決の前夜であった。

『立正安国論』の世界

災害の続出

日蓮は、開宗も束《つか》の間、あえなく故郷清澄寺から追放され、鎌倉に行った。鎌倉の松葉谷《まつばがやつ》に草庵を結び、日々布教に勤めていた頃、未曽有の大災害が鎌倉を襲った。正嘉元年（一二五七）八月二十三日のことである。

大地震が、都市鎌倉を一気に呑みこんだのである。このため、寺社はことごとく倒れ、山岳は頽廃し、人屋は顚倒《てんとう》した。垣根は破れ、裂けた地からは水が湧《わ》き出た。方々から火煙が燃え立った。

都市鎌倉を地獄へと押し込んだ天災は、あけた同二年にも、さらに文応元年（一二六〇）にも、いっこうに静まろうとしなかった。

異変の渦《うず》の中、法然の浄土教を批判する『守護国家論』を書き上げた日蓮は、この天災続出の現実を、仏教者として真剣に考え、そしてひとつの結論を出した。『災難興起由来《さいなんこうきゆらい》』と『災難対治鈔《さいなんたいじしょう》』がそれである。ときに、正元二年（一二六〇）。日蓮は、この二書の中で、文字通り、正嘉元年から現実に起っている天災地変の由来とその退治の仕方について、自問し自答した。日蓮はこの二書と『守護国家論』とを下敷きにして、ある国主諫暁《かんぎょう》の書を集大成した。かの『立正安国論』である。

『立正安国論』の世界

日蓮が仏教と政治のあるべき姿を、国政の場で主張し、対決する日が、ついに訪れた。『立正安国論』を、ときの最高実力者時頼に、被官《ひかん》の宿谷入道最信を介して上呈したのである。世に、第一回目の国諫という。正元二年（一二六〇）七月十六日。

『立正安国論』は、四六駢儷《べんれい》体という対句《ついく》の漢文で書かれ、それ自体、主人と客人とが問答を重ねる一種の戯曲の世界でもある。

この世界は、客人の十箇条の問いと、主人の九箇条の答えから構成されている。その主人と客人のやりとりは、「柔和なる対話」（第一～第二問答）→「硬直せる対立」（第三～第六問答）→「従順なる承服」（第七～第十問答）と、ドラマチックに展開する。

客人は、念仏宗を庇護する幕府の代弁者、直接的には時頼である。主人はもちろん日蓮自身である。

『立正安国論』の世界は、このように、「対話」→「対立」→「承服」と展開し、客人が最後に「承服」したということは、とりもなおさず、時頼ないし幕府が主人の日蓮に論伏され、念仏宗の庇護を放棄したことを意味する。

災難の由来とその経証

『立正安国論』は、ある日、主人（日蓮）を訪れてきた客人（時頼）の、つぎのような言葉で幕があく。

近年から近日にいたるまで、しばしば天災地変がおこり、飢饉疫病がはびこり、人間から牛馬にいたるまで、死骸が道に累々《るいるい》と横たわっており、大半の人が死を招いている状態であります。

この客人は、さらに続けて言った。人びとはこの窮状からのがれるために、弥陀如来や薬師如来に願をかけたり、『法華経』や『仁王経』の妙文・妙句を信じて講讃したり、真言宗や禅宗に帰信したり、神々に除災を祈ったりと、国主（幕府）も救済策を講じておりますが、いっこうに効果なく、いよいよ飢疫は増すのみであります、と。

そして、客人はつぎのように嘆いて問うた。

日月は変わることなく運行し、五星は光り輝やき、仏法も世に行われ、百代の間は天皇の権威も絶えることなく続くという「百王」の言い伝えも、現に守られているのに、どうしてこの世の中だけが衰え、無法状態に陥ったのでしょうか。

と。客人は、想像を絶するような天災地変・飢饉そして疫病に覆《おお》われている世相を、いたく慨嘆しているのである。

客人のその嘆く声に、じっと耳を傾けていた主人（日蓮）が言った。

私もこのことを心配しており、胸がふさがる思いであります。

こう言った主人は、一緒に語りましょう、と客人を誘《いざな》い、さきの嘆息にも似た質問に、こう答えた。

災難が起こるのは、世をあげて、正法に背《そむ》き悪法に帰命し、そのために善神がこの国を捨て、聖人が去って還《かえ》らず、その結果、悪魔が入り込んで来たからであります。

この答えを聞いた客人は、

神や聖人が去るから、災難が起るというのは、どんな経典にあるのか、証拠を示してもらえないか。

と、逆に問い質《ただ》した。そこで主人は、それについては数多くの経典はあるけれども、と前置きして、『金光明経《きんこうみょうきょう》』『大集経』『仁王経』『薬師経』の経文を示した。そして、今後、三災（飢饉・兵乱・疫病）と七難（人衆疾病・他国侵逼《しんぴつ》・自界叛逆・星宿変化・日月薄蝕・非時風雨・過時不雨の難）が起きるに違いない、と予言した。

経文の証拠をこう具体的に、列挙した主人は、もう一度、確認するようにいった。

世の盲目や道理に迷っている人びとが、邪説を信じて、正法を弁《わきま》えていないから、善神や聖人が国を捨てて、その結果、災難が起きるのですぞ。

謗法者は誰か

主人のこの答えを聞いた客人は、日本では聖徳太子以来、上《かみ》一人（天皇）より下《しも》万民にいたるまで、仏像を崇《あが》め経巻を学んできたからこそ、比叡山・南都・園城・東寺などが堂を競い、仏教は盛んに信奉されているのであると述べ、やや憤怒して、

それなのに、釈迦を汚し、仏法僧の三宝に帰依していないというのなら、そのわけを教えよ。

と主人に迫った。そこで主人は、客人の苛立《いら》つようすをみて、諭《さと》すように、僧侶も多勢いるし、寺も経蔵もたくさんあるにはある。しかし僧侶はよこしまで、上にへつらい、人間の道を迷わせ、天皇も臣下もその正邪の判断がつかないでいる、と答えた。

こう一通り、答えたあとで、『仁王経』『涅槃経』『法華経』の経文を、例証として示し、そしてこう言った。

悪い僧侶を誡《いまし》めなければ、どうして善事を成就することができようぞ。

主人のこの少しこわばった答えを聞いた客人は、逆になお一層、憤怒して、

いま日本国中は、高僧聖人といわれる僧侶たちに帰依している。かれらは、すぐれた人であるのに、あなたは妄言《もうげん》を吐《は》いて誹謗《ひぼう》している。いったい、誰のことを悪い僧侶というのか。

と、気色ばんで厳しく主人に詰め寄った。

そこで、主人は待っていたとばかりに、初めて、法然の念仏宗のことを切り出した。後鳥羽院の世に、法然という者がいて、『選択集』を作って、釈迦一代の聖教を破り、あまつさえ、遍《あまね》く十方の衆生を迷わした、と述べ、ついで、その浄土教の詳しい経緯を、中国の曇鸞《どんらん》・道綽《どうしやく》・善導《ぜんどう》の言葉を引きながら説き、その上で、法然の「捨閉閣抛《しやへいかくほう》」（念仏宗以外の衆派を一切排除する）の態度を強く批判した。

その上で、主人は、言い切った。

聖人や守護の善神が去って帰らないのは、偏《ひと》えに法然の『選択集』に依るのですぞ。

と。そして主人は、多くの人びとが仏教に迷い、正法を忘れていることは、じつに悲しい。いま必要なのは、千祈万禱よりも、この一凶を禁ずることだ、とも説示した。

この虚を衝《つ》いた主人の答えに、客人はますます憤慨し、こう反論した。

釈迦が『浄土三部経』を説いてから、中国の高僧や日本の恵心僧都源信《えしんそうずげんしん》たちは、数多くの経典の中から、念仏を選びとった。とりわけ、法然は、幼少の時から比叡山に学び、八宗兼学して、その徳も知恵も優れた高僧で、世間では勢至《せいし》菩薩の化身とか、善導の再誕とかと尊信されている、と。

このように反論した客人は、
これほどの名僧である法然を、あなたはなぜ、そんなに譏《そし》るのか。あなたのような悪言を、今まで一度として聞いたことがない。慎《つつ》しみなされ。

と、吐きすてるように言うや、杖《つえ》を携《たずさ》えて帰ろうとした。

あわてた主人は、微笑を浮かべながら、気の早い客人を、「まあまあ、待って下され」と、押しとどめて、こう説得して聴かせた。

釈迦は一代の間で、時間的な順序（五時）を立てて、真実の教え（実宗《じっしゅう》）とそうでない権宗《ごんしゅう》とを説かれた。しかし、曇鸞・道綽・善導らは、権宗である念仏宗を選んだ。かれらは仏教の深遠な教えを知らないのであり、この点、日本の法然といえども例外でない。仏教の源を知らないから、「捨閉閣抛《しゃへいかくほう》」といっては、念仏宗以外の他宗を誹謗し、多くの衆生の心をおかしている、と。

このように、言い聴かせた主人は、

捨閉閣抛というのは、法然の私的な詞《ことば》であり、仏経の説にはないものですぞ。これこそ、妄語《もうご》・悪口とは思いませぬか。

と、教え諭した。このあと主人は、中国で仏教を破り、多くの寺塔を滅したので、国も滅亡した例を挙げて、

法然は、後鳥羽院の世の者で、かの院は、隠岐に配流された。これは、中国の唐の例が、日本にも顕われたからである。いまこそ、凶を捨てて善に帰し、源を塞《ふさ》いで根を切らなければなりませぬ。

と教誡した。

謗法の禁止とその対策

客人は、主人のこのような理論的な説明を聞いて、少し和《やわ》らいで、念仏宗が凶であることについては、大体了解できたが、京都や鎌倉には有徳《うとく》の高僧が数多くいるけれども、諮問を受けないで、意見書を差し出した人は、

ひとりとしていない、と述べた。

そして客人はこうも言った。

あなたは、身分の低い一介の僧侶の立場だ。それなのに、いともことなげに、よくもそんなに念仏宗の悪言をいうもんだ。

そう言われた主人は少し改まって答えた。自分は小器だが、大乗仏教を学んできた釈迦のひとりの子として、仏法が衰微していくのを、哀惜せずにおれない。『涅槃経《ねはんきょう》』には、仏法を壊《やぶ》る者を呵責《かしゃく》するのが真の仏の弟子である、と説いている。自分は、善比丘《ぜんびく》の身ではないが、仏法の怨《あだ》を責《せ》めないわけにはいかない。しかも法然は、朝廷の奏聞をへた比叡山や興福寺から排撃され、『選択集』は焼却された。死後は、墓も破却され、門弟たちは流罪の身である、と。

主人は、こう一気に説いた上で、
あなたは、諮問を受けた意見書（勘状《かんじょう》）がないと、言われるが、それは当りませんぞ。

（主人は、この『立正安国論』が、勘状として十分な正当性をもっていることを内心で確信している）

客人は、この説明を聞いて、また少し和らぎ、法然が経典を下し僧侶を謗《そし》っているかどうかは、自分としては判断しかねるが、「捨閉閣抛《しゃへいかくほう》」の四字をもって、他宗を蔑如《べつじょ》したことだけは納得した。

それでも、法然がこの四字を主張したからといって、それを謗法あつかいにするのは、どうかと述べ、

私には、法然が誤っているのか、あなたが間違っているのか、判断しかねる。

と言い、さらに続けて、こういった。

天下泰平・国土安穏は、君臣の願うところ、万民の望むところ。そもそも、国は仏法によって栄え、仏法は人によって貴《たっと》びもされる。その国と人が滅んでは、だれが仏法を崇《あが》めるのか、だれが仏法を信奉するのか。

そして、

まず、国家の安泰を祈願して、その上で仏法を流布させるべきです。もし、国家の災禍を消し、苦難を除く方法がありましたら、聞かせてほしい。

と、客人は仏法よりも国家を優先させる＝「安国立正」に基づく謗法対策について、具体的に問うた。

そこで主人は、私は愚か者で、賢明な策も打ち出せないが、と前置して、

正法を謗《そし》る人を禁止して、正法を広宣流布する人を重んずるならば、国は安泰に、天下は泰平になります。

ときっぱりと答えた。そして、その例証として、『涅槃経』と『仁王経』を引用して示した。さらに、正法を護る者は、刀剣・弓箭などの武器をもってもいい、と説明しながら、念仏宗の徒が、釈迦の手指を切って弥陀の印相《いんそう》を結んだり、天台大師の講をやめて善導の講にしている謗法の現実をあばき、こう客人に諭した。

これこそ破仏・破法・破僧なのです。この根本の原因は、法然の『選択集』にあります。天下の安泰を願うのなら、国中の謗法の断滅に全力を傾けるべきです。

と、国家の安泰を前提として、まず謗法の退治が必要であることを強調した。まさに、主人の安国よりも仏教を優先させる「立正安国」の立場からの返答である。

この主人の答えを聞いて、客人はあらためて、こう質問した。

謗法の輩（念仏宗）を根絶させるには、斬罪しなければないのでしょうか。しかし、そんなことをしたら、殺人罪になり、かえって、あなたが地獄に堕《お》ちてしまいはしないか。

と。客人は、『大集経』に説く「袈裟《けさ》をかけている仏子を迫害することは、仏を迫害することになる」という経文を、典拠にして質問したのである。

主人は、この質問をうけて、こう答えた。

あなたは、私が先刻示した経文を見ていながら、なおこんな事を申されるのですか。こういう質問は愚問というものですぞ。

こう答えたあと、

私は、仏子を悪《にく》むのではなく、その罪を憎んでいるのです。釈迦の生まれる前には、謗法者の斬首もありました。

しかし、釈迦がこの世に出られてからは、かれらへの布施を止めて、その罪を悟らせるのです。ですから、謗法者への布施を全て禁止し、正法の僧侶を大切にすれば、どのような災害も起こらないのです。

と教え諭《さと》した。

客の了解と正法への帰依

こう教え諭された客人は、主人の説くところに敬服し、「席を避け、襟《えり》を刷《つくろ》って」言った。仏教の教えは、いろいろと分れていて、本旨を理解することは、私のごとき者のよくするところでございません。それでも、法然が全ての仏、全ての経典、全ての菩薩、全ての天と善神などを捨てたために、聖人が国を去り、善神が所を捨てて、その結果、天下が飢渇し、世上に疫病がはびこったことは了解できました、と。

そして、続けて

国土の泰平、天下の安穏は、上一人《かみ》（天皇）より下《しも》万民にいたるまで、願うところです。そのためには、早く念仏宗の謗法者への布施をやめ、正法を説く僧侶を供養しなければなりません。

と、悟ったように明言した。客人は、先刻主張した自らの「安国立正」の立場を改めて、主人のいう「立正安国」の考え方に従ったのである。

このように、改心した客人を主人は喜び、すかさず、こう言った。あなたが、鳩が化して鷹となり、雀が変じて蛤となるように、私の見解に従ってくれたのは、本当に悦ばしいことです、と。

そして続けて、

あなたは、この場で、私の言葉、言い分を納得されても、時間が経《た》てば忘れかねません。あなたが、国土を安泰にして、現在と未来にわたる幸福を願うなら、速やかに災禍の対治を実行しなければなりませぬぞ。

と、念を押した。この一刻を争う謗法の退治の必要性の理由を、主人は確認するかのようにこう説明した。

先に申し上げた『薬師経』の七難のうち、五難は現実に起こり、残っているのは二難だけです。「他国侵逼《しんぴつ》」と「自界叛逆」の二難が、それです。また、『大集経』の三災のうち、「兵革の災」、『金光明経』の「他方の怨賊、国内を侵掠する」の災などが、起こるのもこれからですぞ。

主人は、これから起こるかも知れない他国からの侵逼と国内の兵乱が、現実にならないうちに、謗法の念仏宗を退治せよ、と客人（時頼）に強要しているのである。

そして、主人は最後に言った。

あなた（時頼）も、早く誤まった信仰を改めて、実乗の一善である法華経の信仰に帰命しなされ。そうすれば、全世界は仏国土となりましょうぞ。仏の国に衰えはございませぬ。宝土そのものです。どうか私の言葉を信じて下され。

と。これが、主人の『立正安国論』の中の最後の言葉である。

主人の祈りにも似たこの言葉をうけて、客人は言った。私が今まで念仏宗を信じていたことは、法然の言葉に従っていたからでした。国中の人も、おそらくそうでしょう、と。
こう悔悟《かいご》した客人は、
これからは、あなたの慈しみ深い教えを受けて、心の眼を開きたい。また早く念仏の謗法対策を廻《めぐ》らし、国家の泰平を願いたく思います。
と述べ、
我れ信ずるのみに非《あら》ず、又他の誤を誡《いわし》めん耳《のみ》
と、力強く誓った。
「私はあなたを信じるだけでなく、他の誤りも誡《いまし》めます」という、客人である時頼の宣誓をもって、『立正安国論』の幕は、おりた。

日蓮の弾圧の背景

「禅密主義」と「法華経至上主義」

日蓮は、自らを主人、時頼を客人に見立てながらの「自問自答」の『立正安国論』の中で、法然の念仏宗の排除と『法華経』の採択を、懸命に訴えた。

この叫びにも似た訴えは、念仏宗を排すという点で、前の解脱房貞慶や明恵と同一の論理に立つものであった。

しかも、日蓮がこの念仏宗の排斥とともに、天台宗の所依である『法華経』を至上なるものとして選択したのであるから、『立正安国論』の上呈は、「公家的体制仏教」の立場からなされた、と言ってもいい。

日蓮は、貞慶や明恵と同じく、天台教学を中核とする「公家的体制仏教」者として、『立正安国論』の上呈に、「体制」志向をたっぷりと乗せて、時頼と真正面から対決したのである。

時頼が幕初以来、連綿と志向されてきた幕府の奉ずる真言密教と臨済禅の総和たる「禅密主義」の「武家的体制仏教」者であるとき、日蓮がいくら、声をからして絶叫しようとも、両者が仏教信仰の一点において、交叉することはありえなかった。

時頼の「禅密主義」に拠る「武家的体制仏教」と、日蓮の「法華経至上主義」に依拠する「公家的体制仏教」とは、水と油に相似て、決して混じることはなかったのである。

この両者の志向する世界観が、全く異質であるだけでなく、全く敵対し合うものであることが、日蓮を弾圧へと追いやった第一の理由・背景である。

『立正安国論』が無惨にも葬り去られたあとの日蓮を待っていたのは、弘長元年（一二六一）の伊豆伊東に始まるかずかずの法難であった。

法難に泣く日蓮の波乱万丈の生涯は、『立正安国論』の上呈に始まったのである。

日蓮は「山僧」

時頼を中心とする幕閣が、ことごとく日蓮の主張を排した、より具体的な背景は、前の泰時の頃から警戒してやまなかった延暦寺の僧兵＝

「山僧」の動向にあった。

泰時は、その「山僧」を、弓箭兵具を帯して、洛中を横行する僧徒として、最も忌避していた（『中世法制史料集』）。

この「山僧」嫌いは、泰時の孫の時頼にも、「武家的体制仏教」の伝統として、当然、引きつがれた。

時頼が最も嫌悪した「山僧」は、武勇もさることながら、「寄せ沙汰」という商業的行為も辞さずに暗躍する「商僧」ともいえる「山僧」であった。

祖父泰時・孫時頼は、ともに延暦寺の僧徒＝「山僧」を極端なまでに忌避した。幕府の臨済禅と真言密教を基調とする「禅密主義」にとって、天台宗の延暦寺の「山僧」＝日蓮は、敵対者以外の何ものでもなかった。

日蓮が、「法華経至上主義」を前面に押し立て、その天台宗の復興を叫べば、叫ぶほど、幕府は日蓮を疎外していくことになる。

この幕府が日蓮を「山僧」と見なしたことが、とりもなおさず、第二の弾圧の理由に他ならない。

幕府と山門と園城寺

「法華経の行者」日蓮が、幕府に弾圧された理由として、幕府をめぐる山門派（延暦寺）と寺門派（園城寺）の対立も見逃せない。表現をかえていえば、幕府と山門派と寺門派をめぐる三角関係である。これが、日蓮を間接的に弾圧の淵に追いこんだ第三の背景である。

幕府と山門派（延暦寺）が、幕初の頼朝のときから、平家・義経さらに御家人の佐々木定綱（延暦寺と抗争、そのため幕府が庇護）の問題を回転軸にして、対立・反目し、それが、義時・泰時そして時頼の世にまで、続いていたことは、『吾妻鏡』のよく示すところである。その確執は、一触即発のまさに危機的状況にあった。

例えば、御家人の佐々木定綱と山門派との抗争の中に入った頼朝は、山門派の越度を、こう糾弾した。

吾山（比叡山）より騒動を致すの条、もしこれ僧徒、徳行を軽んじ、はたまた因果の致す所か。およそ、逆徒というべし。これすなわち、悪徒の者多く、善侶の者少なきか。しかれば、悪徒その性、瓦礫《がれき》に似るといえども、善侶その性、いかでか慙愧《ざんき》せざらんや。（『吾妻鏡』）

建久二年（一一九一）五月三日のことである。

頼朝は、山門派の徳なき悪僧（山僧）を、瓦礫《がれき》（かわらや小石）同然の逆徒と決めつけ、極限近くまでなじっている。

この頼朝に始まる山門派に対する嫌悪感は、これ以後、変わることなく続いた。前にみた泰時と時頼の「山僧」に対する武力的・商業的な統制は、その意味で、幕府の伝統的な山門派対策の一環であったのである。

幕府は、このように、山門派とは徹底した反目をくり返したが、寺門派（園城寺）に対しては、全く違っていた。

例えば、こうである。

源家と当寺（園城寺）は、因縁和合し、風雨感会するものか。しかれば則《すなわ》ち、当寺の興隆、当家の扶持に任すべし。当家の安穏、当寺の祈念に依るべし。（『吾妻鏡』）

幕府（源家）の安穏は、園城寺の祈念により、園城寺の興隆は、幕府の扶持（援助）によるという、まさに絵に書いたような因縁和合の図式。

ときに、元暦元年（一一八四）十一月二十三日、園城寺が平家没官領の寄進を、幕府（源家）に請うたときの一節である。

幕府と園城寺の、このような蜜月の関係を、私たちが『吾妻鏡』の中に探すのは、そう困難なことではない。それほど、幕府と園城寺は、堅く深く結ばれていたのである。「政教一如」とは、このことを指して言うのであろうと、思われる程である。

この幕府と園城寺の和合が、深まれば深まるだけ、幕府と延暦寺との反目も深まる。それと連動して、園城寺と延暦寺の宿命的対決も激化する。

文字通り、幕府・園城寺・延暦寺の間には、典型的な三角関係の図式が成立していた。してみれば、幕府の「宗教センター」としての鶴岡八幡宮の別当には一人も延暦寺出身者を入れず、園城寺系と東寺の出身者で独占し、「真言密教」によって固めたのも、実は、こうした三者をめぐる複雑な政教関係が背景になっていたのである。

幕府と園城寺が和合し、その対極に延暦寺が追いやられる二極分化の状況のなか、その延暦寺の再興を絶叫する「法華経の行者」日蓮が幕府に迎えられる道理がない。

日蓮は、幕府・園城寺・延暦寺の三角関係からも、延暦寺系列の「法華経の行者」であるがゆえに、幕府から疎《うと》んじられる運命であった。

思えば、日蓮は自らを主人、時頼を客人に見立てて、『立正安国論』の世界を構想した。執権時頼に対して、法然の浄土宗の排除と引き換えに、『法華経』の採用を迫るドラマでもあった。しかし、この日蓮と時頼の運命の対決も、結局のところ「法華経至上主義」と

「禅密主義」の対立として、平行線のまま、終止符を打つこととなった。

日蓮にとっては、平行線どころか、天台宗の復興、延暦寺の再興を期す「法華経の行者」である、という理由から、予想だにしない弾圧を加えられた。

『立正安国論』の上呈を通して、自ら、「公家的体制仏教」たらんとした日蓮が、このかずかずの弾圧の結果、徐々に「反体制仏教」者へと変容していく。

『立正安国論』の上呈は、日蓮を「体制」志向から「反体制」へと転向させた運命的な営みであった。

日蓮と運命的な対決をとげた時頼は、その対極にあって、ただひたすら、幕府の志向・構築する臨済禅と真言密教を基調とする「禅密主義」の「武家的体制仏教」を推進していく。弾圧に泣く日蓮とその門弟をよそにして……。

時頼は、この中央の、と言うべき「禅密主義」に彩られた「武家的体制仏教」を、地方の国々とどのように関係づけようとしたのであろうか。

まさに、私たちの主題とする「時頼の廻国」の課題である。

この課題を考える上で、まず何よりも、時頼が廻国していく先々の様子は、どうであったかを、事前に確認しておく必要がある。

次に、章を改めて、時頼に先立ち、私たちの旅支度をすることにしよう。

時頼を待つ東の国

古代北方の「蝦夷」

古代国家と民族呼称

今日の北海道に至るまでの北方地域の呼称が、『日本書紀』の「日高見国」「蝦夷国」「粛慎国《みしはせのくに》」にはじまり、「胡地」「狄地」→「夷嶋」→「蝦夷地」というように、その呼称の観念そのものが、「国」→「地」→「島」→「地」と変化していることは、周知の通りである。

地域呼称が時代とともに変化すれば、そこに居住する人々の呼称も、地域と居住民の一体性から考えて、当然、変化する。

古代律令国家の正史である「六国史」の中で、北越や東北地方に居住する民を「夷」「毛人」「蝦夷」「狄」と表記し、「エミシ」あるいは「エビス」と呼ぶことが一般であった。

この「夷」とか「狄」の表記は、律令国家が古代中国の東夷・西戎・南蛮・北狄なる四辺の異民族に対する中華思想に学んだものである。

この古代律令国家のエミシ観念も、大化改新を境にして二つに大別されるという。改新以前にあっては、エミシはおおむね、「毛人」「夷」と表記され、その意味内容は、「まつろわぬ人」「あらぶる者」という、中央の律令国家に対しての「不服従民」を指し、一定の地域民を指すものではなかった。

ところが、大化改新以後になると、表記も「蝦夷」の文字が当られるようになり、しかもその民も、主として北越・道奥《みちのく》地方に住む人を指すというように、その居住地域も限定されるに至る。

言うなれば、東北北部の民を、「蝦夷」文字で表記し、他地域と一線を画したのである。この「蝦夷」表記が定着するにつれ、エミシ観念も、「不服従民」から少しずつ変容し、その呼称も「エビス」と呼ばれるようになった（高橋富雄『古代蝦夷』）。

例えば、「いみじき夷《えびす》といふとも、見奉らば、かならず涙おちぬべき御ありさまや」（『夜半の寝覚』）というように、十一世紀の王朝文学の作品には、「エビス」呼称が一般化してくるのである。

このように、エミシ観念はその表記ともども、大化改新を境にして、転換したのであるが、「まつろわぬ」「あらぶる」民であった頃のエミシの実体はどうであったろうか。『日本書紀』の関連史料から、総じていえることは、「まつろわぬ」「あらぶる」民であった古代エミシは、「粛慎国」(今日の北海道)に居住する「渡嶋蝦夷」や「蝦夷国」(今日の北奥地方)に居住する「津軽蝦夷」などと、北方地域の中に広範囲にわたって存在していた。

渡嶋蝦夷と津軽蝦夷

古代史料の「六国史」などの中に、渡嶋蝦夷《エミシ》が登場するのは、持統天皇十年(六九六)から寛平五年(八九三)の期間である。

この期の渡嶋蝦夷は、出羽国(今の秋田県)の管轄下に属したが、出羽国を場とする渡嶋蝦夷と出羽国百姓との抗争や「奥地の俘囚」との戦闘が起こることもあった(『日本紀略』)。

その一方で、渡嶋蝦夷は早くから朝廷に対して「丹心」すなわち、忠誠の心をもって臨んでいた(『続日本紀』)。

また渡嶋蝦夷の対朝廷への献上品は、獣皮であり、その獣皮をめぐって、私的な交易も行なわれていた(『類聚三代格《るいじゆうさんだいきやく》』)。

渡嶋蝦夷は多くの場合、津軽蝦夷とともに登場しており、その意味で、両者は律令国家から、一体的な地域集団として捉えられていた。

一方では、渡嶋蝦夷としての個性的な属性を持つものの、中央権力側からは一定の地域集団として捉えられる渡嶋蝦夷と津軽蝦夷。

七～九世紀にわたる律令国家による東北エミシ政策を通して、渡嶋・津軽蝦夷へも支配、服従化の波が、否応なしに押し寄せる。

その支配の波が、十一世紀に及ぶと、王朝貴族の北方への関心を覚醒させるに至り、前の『夜半の寝覚』の文学作品の中に、「いみじき夷《えびす》」というように、「エミシ」から「エビス」への呼称変化となって現われる。

この「エビス」呼称が、渡嶋・津軽蝦夷の総称であることは、言うまでもない。ここに、両者は全く同一の地域集団として捉えられることになった。

この「エビス」としての現地における地域的一体性は、実は日常の生活の日々に営まれていた。他でもなく、それは北海道南部から東北地方北部に共通して分布する続縄文文化に連なる擦文《さつもん》文化（八、九～十三世紀）なる生活文化である。

言うなれば、道南―東北北部に居住する民は、少なくとも十一世紀の頃、「エビス」と呼ばれ、ともに「擦文文化」という同一の文化圏に属しながら、人的や物的な交わりをしていたのである。

律令国家に「まつろわぬ」民の「エミシ」として歴史に登場した北方民は、十一世紀には、王朝貴族によって「エビス」と呼ばれ、一定の地域集団として捉えられるに至った。この「エビス」が次の段階において、異民族の呼称たる「エゾ」と呼ばれることは、人のよく知るところである。

とすれば、この「エビス」呼称とは、「エミシ」→「エビス」→「エゾ」と変遷する北方民族の呼称の歴史の上で、まさにひとつの過渡的な呼称であったといえよう。

エゾ呼称の登場　「エゾ」という言葉が登場するのは、十一世紀末〜十二世紀初期の成立とされる『今昔物語集《こんじやくものがたりしゅう》』においてである。

その中で、永承六年（一〇五一）〜康平五年（一〇六二）の、いわゆる「前九年の役」を伝える「陸奥寺安倍頼時、胡国に行き空《むな》しく返る語《はなし》」に、大略こうある。

朝廷方の源頼義と交戦した安倍頼時の拠る陸奥国の奥には、「夷《えぞ》」がおり、この「夷」と頼時は同心の立場にあり、この戦に敗走した頼時は、「此ノ奥ノ方ヨリ海ノ北」に見える地に渡ったという。

頼時が船で渡った所には、「胡国」人の風姿をした人々が居住していた。

『今昔物語集』の収めるこの説話を総合していえる位置関係は、安倍頼時の拠る陸奥国→この陸奥国の奥＝「夷《えぞ》」→「夷」と差し合う「胡国」となる。

このように、『今昔物語集』に登場する「夷《えぞ》」という言葉は、一方で、「こさふかは曇りもそするみちのくの　えそにはみせし秋のよの月」（西行法師）と、「北辺の異民族」を指す歌枕として、和歌の世界にも登場してくる。

してみれば、「エミシ」「エビス」の呼称が、ここに「エゾ」と変化し、それは陸奥の「奥」すなわち東北北部〜北海道とそこの居住民を指すものであることが、明瞭となった。この呼称変化が、同時に、「エミシ」（まつろわぬ人々）から、「エゾ」（北方の異民族）への認識変化でもあったことは、言うまでもない。

安倍氏・清原氏と渡島

「エゾ」呼称が登場した頃の東北地方及び道南部の実態はどうであったろうか。

前九年の役に「胡国」に敗走した安倍頼時の父祖忠頼は、「安倍氏の出自を伝える『陸奥話記《むつわき》』によれば、「東夷の酋長」であり、「奥六郡」（胆沢・江刺・和賀・稗貫・斯波・岩手郡。今の岩手県の一部）の郡司であったという。

言うなれば、十一世紀中葉の頃、安倍氏は「奥六郡」の現地支配者として、王朝国家の課す徴税も、「賦貢を輸《ゆ》せず、傜役を勤めることなく代々驕奢」と、納めることなく、この地域に蟠踞《ばんきょ》していたのである。

「奥六郡」は、八～九世紀にかけて、坂上田村麻呂《さかのうえのたむらまろ》将軍の征討事業に象徴されるように、古代律令国家の支配が及ぶ北限の地に相当し、征服されたエミシ（俘囚）が居住する地でもあり、その意味で、律令国家にとっては、エミシ対策の前線基地であった。したがって、安倍氏は十世紀の忠頼の代より、中央の律令国家から「奥六郡」の郡司として任用され、エミシの朝貢を仲介する現在執行者をもって、自他ともに任じていたのである。

この安倍氏は、一方で「奥六郡」の郡司という国家直属の地方官でありながら、もう一方では、「東夷の酋長」が示すように、エミシ社会のリーダーでもあった。

この「奥六郡」の西部に所在するのが、山北三郡（雄勝《をかち》・平鹿《ひらか》・山本《やまもと》郡。今の秋田県の一部）であり、ここを支配していたのが、「出羽山北の俘囚《せんぼく》主」（『陸奥話記』）とされる清原氏であった。

「奥六郡」の「東夷の酋長」を名乗る安倍氏と並んで、「出羽山北」において、エミシの血を引くリーダーとして、清原氏がこの地域に君臨していたのである。
安倍・清原氏の君臨する「奥六郡」と「山北三部」は対エミシ政策の最前線基地であり、中央支配の北限の地であった。

この地に隣接するエミシの占住する地を「蝦夷村」という。『今昔物語集』が伝える安倍頼時が拠る陸奥国とは、「奥六郡」を指し、「其《そ》ノ国ノ奥ニ夷《えぞ》ト云フ者有」る「其ノ国」とは、紛れもなくこの「蝦夷村《えぞ》」を指している。

この「蝦夷村」(今の青森県の全域、秋田・岩手県の一部)は、十〜十一世紀のころ、道南渡島地方と、一衣帯水の地として、日常的に交流する地であった。

この交流に、安倍・清原氏がエミシ社会の一員として、直接・間接に関わっていたことは、言うまでもない。

平泉藤原氏と蝦夷

藤原秀郷《ひでさと》の子孫亘理経清《わたりつねきよ》は、前九年の役(一〇五一〜一〇六二)で安倍貞任《さだとう》にくみして討たれたが、その子清衡《きよひら》は後三年の役(一〇八三〜一〇八七)に際し、源義家に加勢して清原氏を滅ぼしたのを機に、「奥六郡」と「山北三郡」を統一的に支配するに至った。

この清衡が、自らの政治的拠点を磐井郡の平泉と決め移ったのは、ときに嘉保年間(一

○九四〜九五）のころ。

平泉に拠った藤原氏は、十二世紀中葉までには、前の安倍・清原氏の領有した「奥六郡」「山北三郡」のさらに奥の地に郡を建てるに及び、その支配版図をより一段と拡張していった。津軽四郡（平賀《ひらか》・山辺・鼻和・田舎郡）及び糠部《ぬかのぶ》・閉伊《へい》・久慈・鹿角《かづの》・比内《ひない》郡の建置がそれである。

平泉藤原氏は、王朝国家の任を受け、現地支配者として、安倍・清原氏以上に大きな権限をもって、この地域に君臨することとなったのである。

また、津軽四郡以下の地は、建郡されたことをもって、もはや「蝦夷村」ではなくなり、まさに、「王土王民」の地に組み込まれることになった。

それゆえ、平泉藤原氏の代に及んで、東北北部の大半は、「蝦夷村」（蝦夷地）ではなくなり、十二世紀の頃の厳密な意味での「蝦夷地」は、津軽地方の北端部と北海道・千島の地に限定されることとなった。

十二世紀以降、「蝦夷《えぞ》」ないし「夷《えぞ》」といえば、異民族観念を標榜しつつ、地域的には津軽地方の北端〜北海道を指し、民族的にはのちの異民族としての「アイヌ」を指すことになる。

少なくとも、中央の王朝国家の捉えた東北北部ないし「蝦夷」観はそうであった。では、平泉藤原氏の日常的・現実的意識は、どうであったろうか。天治三年（一一二六）のいわゆる「中尊寺供養願文」によれば

（前略）弟子は東夷の遠酋なり。弟子いやしくも祖考の余業をうけ、俘囚の上頭に謬居す。出羽陸奥の土俗、風草に従うごとし。粛慎《しゅくしん》挹婁《ゆうろう》の海蛮、陽葵《ようき》に向うがごとし。垂拱寧息《すいきょうねいそく》すること三十余年。しかる間、時に歳貢の勤をうけ、職業失なうことなく、羽毛歯革の贄、参期違いなし。

願文を奉じた藤原清衡には、前の安倍氏の「東夷の酋長」「六箇郡之司」、清原氏の「山北の俘囚主」という伝統的な血脈意識が、「東夷の遠酋」として明確に継承され、あまつさえ、自らの支配的立場を「俘囚の上頭」と位置付けていた。

この「東夷の遠酋」「俘囚の上頭」たる藤原氏は、出羽・陸奥は言うまでもなく粛慎《しゅくしん》挹《ゆう》婁《ろう》の海蛮＝蝦夷《えぞ》（北海道の蝦夷）に対してまでも、羽毛・歯革の贄《にえ》を年ごとに、貢がせていた。

してみれば、続縄文文化に連続する擦文文化の分布状況が、北海道南部と津軽地方北部に共通していること、そしてこの擦文文化の終末期が十二～十三世紀であり、その後、道

南地域に本州の文化が流入しているという、考古学上の知見を併せ考えれば、この願文が草された十二世紀には、やはり、津軽海峡をはさんだ名もなき海蛮＝北海道の蝦夷と北奥の夷との間に、一定の交易活動が展開していたことは、間違いない。

九〜十世紀の北奥に発生したエミシ・俘囚の反乱を通して、彼ら蝦夷民族は「蝦夷身分」として、奥六郡・山北三郡の奥地たる「蝦夷村」に押しやられて行ったが、彼らはそれ故に、民族的一体感のもと、道南の蝦夷との間に、より緊密な交流を持ったに相違ない。言うなれば、この交流は、被支配者としての蝦夷同志の、ささやかにして現実的な交流であったのである。

一方、「俘囚の上頭」として、この蝦夷を支配する平泉藤原氏は、確かにその制度的な支配版図は、「清衡六郡を管領するの最初、これ（中尊寺）を草創す、まず白河関より外ヶ浜に至るまで」（『吾妻鏡』）と、その北限は津軽外ヶ浜であった。

しかし、藤原氏は「俘囚の上頭」として、蝦夷支配を行ないながら、道南の蝦夷と北奥の夷との間の日常的な交流を眼のあたりにし、自らその年ごとの貢《みつぎ》を受けていた。

平泉藤原氏の自己認識には、対朝廷に対する制度史的側面と、自らも「俘囚の上頭」と名乗ることも辞さない伝統的な側面があった。

「俘囚の上頭」として自他ともに許し、海蛮と北奥の蝦夷の別を超えて、民族的な一体感のもと、蝦夷社会にその身を置いた平泉藤原氏なればこそ、のち、頼朝の奥州征伐の折、大軍の兵に包囲された泰衡が、「一旦の命害を逃《のが》れんがため、隠れること鼠のごとく、退くこと鶃《さぎ》に似たり。夷狄島《えぞかしま》をさして糠部郡に赴《おもむ》」(『吾妻鏡』)こうとしたのではあるまいか。

この泰衡の島渡りの決意の背景には、清衡以来の海蛮に対する歳貢賦課を通して感得した民族的一体感があったことを想定すれば、より現実味を帯びてくる。平泉藤原氏の念頭に去来する蝦夷地は、単に人生の境涯の終着地ではなく、むしろ、同じ蝦夷の血が流れる民の棲息《せいそく》する場としての蝦夷地であった。

では、「日高見国」→「胡地」「狄地」→「夷嶋」と呼称の変化をとげた北方地域、その住む民も「エミシ」→「エビス」→「エゾ」と呼称変化した古代北方の地域は、仏教史的には、どのように展開したのであろうか。

項を改めて、少しく跡付けてみることにしよう。

古代北方の仏教

天台宗の伝播

律令国家が、道鏡事件に象徴されるような、奈良時代の南都仏教の弊害を一掃し、「攘災殖福《じようさいしよくふく》」と「誘善利生」のスローガンのもと、仏教による鎮護国家政策を九世紀の世に推し進めようとするとき、その主たる担い手となったのは、天台宗と真言宗であった。

そのうちの天台宗は、桓武天皇の蝦夷征討政策との絡みで、古代東国に深い関わりを持っていた。

すなわち、坂上田村麻呂（七五八〜八一一）は、延暦十年（七九一）、桓武天皇の命を奉じて、征夷大将軍大伴弟麻呂《おおとものおとまろ》の下に、征東副使として蝦夷征討に出向。その六年後には、自ら征夷大将軍に任命され、大同二年（八〇七）には、功を奏し、胆沢《いさわ》の地に築城し、ここに鎮守府《ちんじゅふ》を多賀城《たがじょう》から移している。

実はこの一連の蝦夷平定の事業と全く符合する形で、津軽地方には、田村麻呂自身ないしは田村麻呂に仮託した天台宗の寺社が、数多く建立されている（『津軽一統志』）。

この天台宗寺院の建立の背後には、坂上田村麻呂を媒体としながら、蝦夷平定事業に血道をあげる桓武天皇とそれに重用された官僧の天台宗僧最澄とが、政教一如の形で結び合っていた。

言うなれば、古代東国の仏教界の原景は、この桓武天皇・最澄・坂上田村麻呂の三者が織りなす天台宗の絵巻を基調にしていたのである。

思うに、古代東国の仏教界は、天台宗一色に塗りつぶされるほどであり、その教勢は坂上田村麻呂の征討と相まって、日に日に不動のものとなっていった。

事実、天台宗は地方の仏教行政官である「講師」および仏事・法会を勤める「読師」の任命許可を、最澄の没後の承和二年（八三五）、真言宗より、二年も先んじて得ている。

天台宗は、この上げ潮ムードに乗って、地方布教の拠点ともいうべき「天台別院」を、次のように、たて続けに建立していった。

例えば、嘉祥三年（八五三）の上野聖隆寺（『文徳実録《もんとくじつろく》』）、元慶五年（八八一）の信濃国伊那郡の観音寺、同じく陸奥国安積《あさか》郡の弘隆寺（『三代実録《さんだいじつろく》』）という具合に。

この「天台別院」の造立が、天台宗の東国仏教界の進出・拡大を意味することは、言うまでもない。

天台宗の東国進出として、もうひとつ注目すべきことがある。

それは、天台宗の最高統轄者である天台座主《てんだいざす》の出身地別の傾向である。『天台座主記』によれば、九世紀を例にしてみると、歴代の天台座主の七名のうち五名までが、東国出身かまたはその関係者に占められていた。

すなわち、初代の義真《ぎしん》は相模国、二代の円澄《えんちょう》は武蔵国、三代の円仁《えんにん》は下野国、四代の安慧《あんえ》は河内国の出身であるが円仁に師事している。また七代の猷憲《ゆうけん》は下野国、というように。

九世紀にあって、この天台座主のポストのほぼ大半を、東国出身ないし関係者で占めていた意味は、決して小さくはない。

この異常とも思える東国仏教と天台宗の関係を、これに先立って現地で支えかつ実践していたのが、他でもなく、道忠なる一天台宗僧であった。

道忠について、『叡山大師伝』はこう伝えている。

東国化主の道忠禅師という者あり。これこの大唐鑑真和上の持戒第一の弟子なり。伝法利生をつねに自ら事となす。

この鑑真の高足とされる道忠禅師の東国布教には、常に上野国の教興・道応・真静、下野国の広智・基徳・鸞鏡・徳念ら七名が従ったといい、師道忠のなきあとも、その教えを忠実に相承したという（『叡山大師伝』）。

こうしてみれば、前の東国天台別院の建立や東国出身者による天台座主の独占という、東国と天台宗との密接不離の関係も、ひとえに、八世紀末期とされるこの道忠禅師による東国弘通を下敷きにしていたことが推察される。

道忠は、その意味で、最澄、坂上田村麻呂についで、古代東国に天台宗の宗教土壌を作り出した人物であった。

安倍氏と藤原氏にみる天台宗帰依

「蝦夷管領」津軽安東氏の祖である前の「東夷酋長」「奥六郡の司」の安倍氏は、その政治的拠点の十三湊《とさみなと》に、諸宗を網羅・集合した「津軽山王坊」という宗教施設を営んでいた。

この「津軽山王坊」は、新野直吉氏によれば、宗派的には天台宗に属するという（『秋大史学』二九号)。

また、この安倍氏と同様、「東夷の遠酋」あるいは「俘囚の上頭」とエゾ社会の統轄者を自任する平泉藤原氏も、高橋富雄氏によれば、「中尊寺というのは、東北の諸政治・諸信仰・諸文化、もろもろのいのりとねがいとを一まとめにし、法華経の功徳によって、その中央に地上仏国土を実現するところの此上浄土という性質のものになってくる。法華経を根本所依とする。浄土教ではない」(『東北古代史の研究』)という。

平泉中尊寺の拠るべき宗派もまた、基本的には、『法華経』を所依とする天台宗であった。

もう一歩進めていえば、ともに天台宗を基調とする津軽安東氏の「津軽山王坊」と平泉藤原氏の中尊寺の建造物には、建築学的にも一定の深い関わりが推定されるという(同前)。

天台寺院としての立石寺と松島寺

下野国都賀《つが》郡出身の第三代天台座主である円仁の入定伝説を蔵し、かつまた円仁の高弟の安慧の開創とも伝える出羽立石寺《りっしゃくじ》もまた、紛れもない天台宗寺院である。

平泉藤原氏が、中尊寺に深く帰依していたころ、この立石寺=山寺に「僧入阿が同法五人と共に精進加行して、法華経一部八巻を如法に書写し、（慈覚）大師の護持を仰いだ」という内容の碑文を刻んだという（『伝教大師と天台宗』）。入阿を中心とする六名の天台宗僧が、慈覚大師円仁を追慕して、立石寺に伝道することによって、この天台宗寺院の立石寺も、より一段と寺勢を拡げていったに相違ない。

慈覚大師円仁が、東国に弘通したのは、立石寺だけではなく、松島寺もそうであった。その様子を、『私聚百因縁集』はこう伝えている。

ただ山上洛下、畿内近国のみならず、他導はるか東夷の栖《すみか》をすぎ、利生とおく北狄の境に及ぶ。いわゆる出羽立石寺、奥州松島寺等ナリ。

こうしてみれば、古代東国の仏教界は、八世紀の世に、最澄と坂上田村麻呂の蒔《ま》いた天台宗の種が、まず道忠禅師を媒体として、広まり、ついで、九世紀の慈覚大師や道忠の高弟に継承されていった。

その弘通・伝道の証《あか》しが、東国の天台別院を筆頭に、津軽山王坊・平泉中尊寺・出羽立石寺そして奥州松島寺という天台宗寺院の造立であり、帰依であった。

この東国の古代仏教界を彩った天台宗の世界と、弘法大師空海の教線が西国方面に伸張していった真言宗の世界とは、日本古代の仏教史に見事なまでに象徴的なコントラストをなしていた。

執権時頼が、東国に旅立つ前夜、その古代仏教の世界は、このように天台宗を基調に染まっていた。

一方、幕府の志向する「武家的体制仏教」は、反天台宗をスローガンとする「禅密主義」である。

この決定的な対立のなか、時頼はどう、廻国して行ったのであろうか。

その前に、時頼の廻国直前の東国のようすを、伺ってみることにしよう。

鎌倉幕府の北方経営

奥州平定に先立つ文治二年（一一八六）四月、頼朝は平泉の泰衡に「御館は奥六郡主、予は東海道惣官なり」（『吾妻鏡』）と、表明していた。

奥州合戦と夷嶋

この兄頼朝との不仲に苦しむ弟義経を庇護してやまなかったのは、かの平泉の藤原秀衡であった。

頼朝の日ごとに増す義経の追捕要求に押される形で、ついに泰衡は父秀衡の思いをよそに、義経をついに衣川の館に襲い、自害へと追い込む。義経、ときに三十一歳。

しかし、義経の死をもって、頼朝の奥州征伐は終わらなかった。

文治五年（一一八九）七月、いわゆる奥州合戦の戦端が始まった。七月二十九日に白河関を越えた頼朝軍は、八月十二日に多賀国府に到着。そして、千葉、八田らの東海道軍と合流した頼朝軍が、泰衡の本陣平泉に入ったのは、その十日後の二十二日であった。

余りにも、急速な追撃に狼狽した泰衡が窮余の一策として選んだ道は、「夷狄嶋《えぞがしま》」への渡島であった。

『吾妻鏡』によれば、泰衡は糠部郡《ぬかのぶ》に赴き、数千の部下を率いて、郎従河田次郎の本拠、比内《ひない》郡贄柵に頼ろうとしたが、不運にも、ここで河田の手により殺害されたという。因みに、北海道側の『新羅之記録《しんらのきろく》』によれば、この時、糠部・津軽方面より多くの人々が、「北国」（北海道）を目指して逃げ渡ったという。

こうして、頼朝は、奥州平定後の文治六年の春、平泉藤原氏の「奥州羽州地下管領《じげかんれい》」権を継承する形で、陸奥・出羽両国をその支配下に収めることに成功した。

幕政初期の北方認識

鎌倉幕府の北方認識の大前提は、『吾妻鏡』などに頻出する「五畿七道」という律令制以来の伝統的な行政区画観を、踏襲している点である。それゆえ、その支配の北限は、平泉藤原氏もそうであったように、津軽外ヶ浜をもって限っていた。

この期の幕府の蝦夷嶋に対する認識は、こうであった。

（微妙）申して云わく、去ぬる建久年中、父右兵衛尉為成、人の讒《そしり》により官人のため禁獄さる。しこうして西獄の囚人等を以て、奥州夷に給さんがため、これを放ち遣わさる。（『都玉記』）

さらには

東寺の凶賊以下、強盗海賊の類五十余人の事、今日沙汰あり。奥州に遣わさるべきの由、仰せ下さると云々。これ夷嶋に放たんため。（『吾妻鏡』）

という二つの史料が物語るように、蝦夷嶋は、「奥州夷」を介して、罪人を追放する場に他ならなかった。

この「奥州夷」とは、一体、何者であろうか。『異本伯耆巻』に散見する「安東ト云ハ、義時カ代ニ夷嶋ノ押トシテ、安東カ二男ヲ津軽ニ置ケル。彼等カ末葉也」という一文から考えて、この「奥州夷」は、津軽安東氏のことである。

幕府の蝦夷嶋観は、このように、「奥州夷」の津軽安東氏を介した、犯罪人を放つ島としての流刑地としての認識から始まる。

幕府の蝦夷嶋観が、流刑地の認識から始まることは、人のよく知るところである。

北方は鎮魂の場

その一方で、幕府は、北奥地域に対して、ある種、特異な眼で眺めていた。まずその一つ。

陸奥国津軽の海辺、大魚流寄す。その形ひとえに死人のごとし。先日、由比の海水赤色の事、もしこの魚、死せるゆえか。したがって、同じ頃、奥州の海浦の波濤、赤くて紅のごとし。この事、すなわち古老に尋ねらるの所、先規、不快の由これを申す。（『吾妻鏡』）

陸奥国は、津軽の海辺に大魚が流れ着いたり、海水が紅に染まったりするなど、幕府にとって、不吉を予感させる神秘的な地域であった。

幕府は、もう一つ、次のような地としても北奥地域を捉えていた。

（宝治二年二月五日）永福寺の堂修理の事（中略）当寺は、右大将軍（頼朝）、文治五年伊予守義顕（義経）を討ち取り、また奥州に入りて、藤原泰衡を征伐し、鎌倉に帰せしめたまうの後、陸奥出羽両国を知行せしむべきの由、勅裁を蒙らる。これ泰衡の管領跡たるによってなり。しかるに今、関東（時頼）、長久の遠慮を廻らしめたもうの余り、怨霊をなだめんとす。義顕（義経）といい、泰衡といい、さしたる朝敵にあらず、ただ私の宿意をもって誅亡するの故なり。（『吾妻鏡』）

源義経と藤原泰衡が、前の頼朝との「奥州合戦」の中で、不運の最期をとげた陸奥地方は、その義経と泰衡の死が、さしたる理由のない死であるため、時頼の治世に及んでもなお、怨霊たちこめる所と想念されていたのである。

幕府が神経質とも言えるほど、平泉中尊寺の伽藍興隆を、「故右幕下（頼朝）の御時、本願基衡の例に任せ、沙汰すべきの旨、御置文を残さる」（『吾妻鏡』）と、頼朝の「置文」に従って、懈怠《げたい》なく経営したのも、裏を返せば、幕府にとって、陸奥地方は、手厚い供養を施せなければならない禁忌すべき地であったからである。

幕府の陸奥平泉に対する供養の心は、怨霊を鎮魂する心に他ならない。

この供養・鎮魂の心が、私たちの執権時頼の心を深く捕捉していた点は、すこぶる重大である。なぜなら、この義経と泰衡に対する鎮魂の心が、時頼の東国への旅立ちを誘《いざな》う要因ともなるからである。

「奥州夷」の津軽安東氏が、幕政初期の頃、犯罪人の追放、流刑執行者として、職務を遂行していたということは、表現をかえていえば、彼がいや応なしに、幕府の制度的職制の中に、そうした職務者として組み込まれていくことを意味する。

幕政中期の北方経営

津軽安東氏は、これまでの「奥州夷」としての、先祖の安倍氏が永年培ってきた「東夷の酋長」ないしは「奥六郡の司」という、「蝦夷社会」の中の民族的一体意識が、徐々に稀薄になっていくことは、否めない。

この自らの血の意識とは裏腹に、津軽安東氏は幕政中期、次のように一定の職権者として、幕府の中に位置付けられていく。

武家其濫吹《そのらんすい》を鎮護せんために、安藤太と云う者を蝦夷管領とす。（『諏訪大明神絵詞』）

安藤五郎ト云者、東夷ノ堅メニ義時ガ代官トシテ津軽ニ置タリケルガ末也、（『保暦《ほうりやく》間記《かんき》』）

安東ト云ハ、義時カ代ニ夷嶋ノ押トシテ、安藤カ二男ヲ津軽ニ置ケル、彼等ガ末葉也（『異本伯耆巻』）

右の三書には、微妙な差異が認められるが、総じていえることは、これまで罪人の追放、流刑執行を任としてきた「奥州夷」の津軽安東氏が、北条義時の世に、その代官として「蝦夷管領」「東夷ノ堅メ」「夷嶋ノ押」の職権を付与され、幕府の北方経営の要として補任されたという点である。

幕府の北方経営は、この津軽安東氏の代官化を推し進めた義時の世に、加速的に進む。執権時頼は、そうした幕府の北方経営の延長の上に、自らの旅立ちに先立って、次のような法令を発していた。

（花押）（時頼）
（陸奥）平賀郡内大平賀村々事、故入道殿（泰時）の御時の例に任せ、元のごとく、沙汰致せしめ給うべきの由、候う所なり。よって、執達件《くだん》の如《ごと》し
仁治三年十月一日　　沙弥成阿奉
曽我五郎二郎（惟重）殿

（花押）（時頼）
下　陸奥国糠部五戸
補任　地頭代職事

右の人、かの職として、先例を守り、知行せしむべきの状、件《くだん》の如《ごと》し、以《も》って下《くだ》す。

寛元四年十二月五日

左衛門尉平盛時

（『鎌倉遺文』）

時頼は、仁治三年（一二四二）、祖父泰時の先例に従い、曽我惟重の陸奥国平賀郡大平賀村の支配を安堵し、併せて、寛元四年（一二四六）には、平盛時を陸奥国五戸の地頭代に補任したのである。

ここに、義時の治下で、津軽安東氏を通して、加速的に進行した幕府の東国経営が、泰時そして孫の時頼と着実に継承されていることを知る。

この幕府による御家人制の展開と表裏する東国経営によって、幕府と東国地域が政治的、経済的に密接に結び合うことは、言うまでもない。北条氏による直轄所領たる「得宗領」化が、義時を機に始動していたのである。

時頼の旅立ちに先がけ、東国の地域は、その政治的、経済的な準備を全て整え、ただひたすら、時頼の廻国を待つのみであった。

幕府によって政治・経済的に地ならしされた東国。今まさに、時頼の向かわんとするその東国は、仏教史的にみれば、古代以来、天台宗に色濃く塗りつぶされた神秘の国でもあった。頼朝の奥州平定後、泰衡と義経の怨霊がたちこめながら、今なお天台宗の彩りを伝え続けてきた神霊の国でもあった。

幕府の奉ずる「禅密主義」者時頼、「武家的体制仏教」者時頼は、今、得宗領化し天台宗に彩られた神秘の国・東《あづま》へ旅立とうとしている。

泰時と義経の霊が眠る東の国は、この仏教者時頼の鎮魂・供養を待ち望んでいる。

いざ、時頼、旅立たん！

東国への旅立ち

東国寺院の中世的改宗

松島寺の改宗

宝治二年（一二四八）四月十四日、奥州松島寺の山王七社大権現の祭礼が、盛大に催されていた。その見物客の中に、東国への修行中というひとりの行脚僧《あんぎゃ》が入り交っていた。実は、一介の雲水に身をやつしたこの人こそ、私たちの時頼である。時頼は、この祭礼の舞楽が艶《あで》やかに舞われるを見て、輿に乗ったのであろうか、つい大きな声をあげてしまった。

普段、聞くことないこの不意の奇声を耳にした衆徒の普賢堂闍円が、すぐさま飛んできた。

この行脚僧が時頼であることを知る由もない闍円は、怒り狂うように、時頼の奇行を責め立てなじった。普賢堂の他の衆徒も、この闍円に同調したため、時頼は危うく、殺されそうになった。時頼は、懸命に頼みこんで、そこは祭礼に免じて、命だけは何とか、許してもらった。間一髪、かろうじて死をのがれた時頼が、山王七社から少し離れた岩洞に身を寄せていたところ、法身と名乗る禅僧がそば近くやってきた。

仏教者でもある時頼と、この法身は、いつの間にか、仏法について語るところとなった。時の経つのも忘れるほどの、二人の真剣な眼差しのなか、禅僧の法身は突然、呟《つぶや》くように、こう訴えた。

天台の秘事、勤行に難《かた》し

と。法身は、天台密教の作法を行ずるのは、かなり難解で大変だ、というのである。

さらに法身はこうも訴えた。

禅家の法、広《ひろむ》にたれり、

臨済禅が、この奥州松島寺に弘通されてもよい状況なのに、それがないことを不自由に思う哀願にも似た訴えであった。

岩洞でこの法身から聞いた訴えを、しかと胸に刻んだ時頼。

鎌倉に帰国するや、直ちに、三浦小次郎義成なる武士を遣わし、松島寺を有無を言わせず、たちどころに焼き払わせてしまった。

それから、禅僧の法身和尚を住職に、松島延福寺（松島寺）を新たに建立したのは、正元元年（一二五九）のことであった。

この時頼の、東国への旅立ちの第一報を伝えるのは、奥州松島寺の寺伝『天台記』である。松島寺が時頼の廻国を通して、天台宗から臨済禅へと改宗したことを、『天台記』は私たちに十分に伝えている。

また一方、松島寺の改宗については、さらにこうも伝える。

当寺（松島寺）は、去ぬる建長年中、最明寺入道殿（時頼）の外護の檀那として、将軍家の御祈禱寺となりてより以降、皇帝万歳の道場、当国第一の禅院なり。したがって、僧侶一志にして、長日の御祈禱、退転なし。よって、開山発心（法身）長老より、住持十五代に至るまで、寺務相違なきところなり。

同じ『天台記』でありながら、前の史話の中では、松島寺が臨済宗に転じたのは、正元元年（一二五九）と伝え、ここでは、建長年中（一二四九〜五五）と伝える。年代の比定の上で、多少のズレがある。しかし、私たちにとって、この年代のズレはさして問題ではない。時頼の廻国は、もともと、姿・形をやつして諸国を行脚する「微行《びこう》」なのであるから、年代が銘記されることが、かえって不自然だからである。

それよりも、私たちにとって、大事なことは、古代以来、天台宗に染まってきたこの松島寺が、時頼の鎌倉時代に、臨済禅の寺院へ改宗して、幕府の祈禱寺となったことである。言うなれば、時頼ないし幕府の奉ずる「禅密主義」の洗礼をうけて、この松島寺は「武家的体制仏教」の世界に組み込まれたのである。

表現をかえていうなら、松島寺のこの天台宗から臨済禅への改宗は、明らかに時頼・幕府が東国という現地に行使した、一種の宗教指導である。それは、幕府による宗教的祭祀権の行使といっても大過ない。

時頼の廻国は、ひとり奥州松島寺だけではない。東国の拠点寺院といえる有力な寺院に、錫杖《しゃくじょう》の道をとった。

出羽立石寺

前にもみたように、十二世紀の初め、天台宗僧の入阿ら六人が慈覚大師円仁を追慕して、立石寺に弘法・参詣していた。円仁の開山と伝えられるこの立石寺＝山寺にも、時頼は足を運んだ。

『山寺攬勝志《やまでらんしょうし》』は、その時のようすを、こう記している。

北条時頼、微行してここを過ぐ。台徒の盛りなるを嫉《ねた》み、命じて禅宗に改め、宝珠山阿所川院立石禅寺と称す。華表を寺原に立て、本山の総門となす。

姿・形をやつして、文字通り「微行《びこう》」してきた時頼が、この立石寺に立ち寄り、当時、天台宗が隆盛だったのを嫉《ねた》んで、それを至上命令的に禅宗へと改宗させた、というのである。

松島寺と同じように、この立石寺も、古代以来、連綿と伝えてきた天台宗の法統を、いま、時頼の廻国を機に、一変して、臨済禅に改めることとなった。

これを契機に、立石寺もまた、幕府の「武家的体制仏教」の傘下《さんか》に入ったことは、言うまでもない。まさしく、東国における古代天台寺院の中世的転生である。

時頼の廻国を契機に、臨済禅へと改宗した立石寺は、日々、幕府の御祈禱所として、この地域の拠点寺院に君臨したに相違ない。

私たちは、この当時のようすを、次の幕府の「関東下知状」によって、ある程度復元することができる。

関東

立石寺院主、別当両職、金剛杵田等を注記し、領掌せしむべきの由、仰せによって、下知件《くだん》の如《ごと》し。

正慶元年十一月廿四日

左馬権頭在判

相模守

立石寺識乗坊

幕末も近い正慶元年（一三三二）十一月二十四日、幕府は下知状を発給して、立石寺の識乗坊に、院主と別当の二つの職権を与えると同時に、それに伴う所領の領掌・支配を命じていたことを、この下知状は私たちに語ってくれる。

立石寺は、時頼の廻国後、臨済禅寺院に改宗し、それ以後、一貫して幕府のために、種々の祈禱を勤修しながら、この幕末の正慶元年を迎えたのである。この「関東下知状」は、そう語っているように思う。

さらに一歩進めて、言うなら、立石寺は、古代の天台寺院→時頼による禅宗寺院化→正慶元年の関東御祈禱所の指定、と変遷したのである。

立石寺がこのような、転生をとげたのも、ひとえに、時頼の廻国伝道によるものである。まさに、立石寺の古代から中世への運命は、時頼ないし幕府の宗教政策によって、決定されていった。

時頼の、このような「禅密主義」を背景にした「武家的体制仏教」の実践の旅足は、この立石寺から、さらに北へと進み、秋田の象潟《きさかた》に至る。

象潟・蚶満寺

時頼が立ち寄ったとされる蚶満寺《かんまんじ》の開基を『象潟郷土誌』は、こう伝える。

仁寿三年、慈覚大師、蚶万に漫遊し来り。嘉祥震災後の光景を嘆き、更に洲前島の地を相して一宇の寺塔を営み（後略）

慈覚大師円仁が、遠く仁寿三年（八五三）、この象潟に漫遊した折、嘉祥年間（八四八〜八五一）の震災の復興を願って、蚶満寺を建立したというのである。

私たちは、この秋田象潟の地もまた、天台宗の開祖最澄の高弟円仁による伝道の様子から、古代にあっては、天台宗の仏教圏に組み込まれていたことを知る。それがどうであろうか。

後深草天皇　正嘉元年、最明寺時頼、行脚の途次、この霊地を愛して土木を起し、本堂ならびに山門諸堂を建立す。

時頼、道元《（ママ）》禅師と善し、故に禅宗に改め、号を干満寺と称し、土地を寄附し、すべて

の嶋嶼を巡覧し、二本松に紀念を遺し、

命あらばまたも来て見む象潟の　思ひとどめし松のみどりに

と吟む（『象潟郷土誌』）

というように、行脚の折、霊地象潟を愛した時頼は、蚶満寺を中興し、禅宗へと改宗させたのである。

因みにいえば、「道元禅師《ママ》」は、時頼の仏教者としての法交から考えて、「道隆禅師」の誤記であろう。

「命あらばまたも来て見む象潟」と、こんなにも時頼を魅せたのは、やはり、「出羽の松島」といわれる象潟の霊的な景勝であろうか。

右に見える「土地の寄附」について、この「寺伝」は、こう続けている。

北条時頼の御真筆　（蚶満寺蔵）

干満寺は八幡菩薩降臨の砌《みぎり》也。当寺、目通四方二十町余、先規に準じて、寄附せしむの状、件《くだん》の如《ごと》し

正嘉元年丁巳八月十三日

道崇　花押

正嘉元年（一二五七）、蚶満寺を再興した時頼は、二十町余の寺領を蚶満寺に寄進したのである。

それだけではない。時頼は、蚶満寺の寺域内の「殺生禁断」についても、次のように命じたという。

右、象潟干満寺は、八幡菩薩降臨の砌なり。四霊の処において、水陸の生類を殺すべからず。もしこの旨に背き、なお狼籍《ろうぜき》いたさば、貴賤を論せず、たしかに罪科に処すべきなり。仍て、向後の制止件《くだん》の如《ごと》し

正嘉元年丁巳八月十三日

道崇　花押

時頼は、寺域内の「殺生」を禁じて、霊地、蚶満寺に最大の敬意を表し、保護したのである。

象潟蚶満寺を天台宗から、臨済禅へと改宗させていったものが、幕府の奉ずる「禅密主義」であることは、前の松島寺・立石寺と同様であり、改めて言うまでもない。

時頼の改宗伝道ともいうべき、廻国の旅は、ここ秋田象潟をもって、終わらなかった。

時頼の旅足は、さらに北へと伸びる。

時頼の治世の頃、津軽をはじめ北奥地方を領有していたのは、既述したように、津軽の安東氏であった。

津軽・護国寺

安東氏は、義時のときから、「蝦夷管領」とか「東夷ノ堅メ」「夷嶋ノ押」と呼ばれ、蝦夷社会の中に君臨していた。

時頼は、この津軽安東氏の拠る北奥の地にも、足を踏み入れた。その様子を、『津軽一統志』は伝えて言う。

その昔《かみ》、この所に平等院という古跡あり。初開は不詳。常陸阿闍梨《ひたちあじやり》、ここに居す。ときに、領主極楽寺殿（北条重時）、建長年中に仏を信じて、常陸に帰依す。殿堂花麗なること、往古に倍す。多く、田畑を寄附し、改めて霊台寺と号す。しかるところ、星霜を経て、柱梁ようやく荒敗す。このとき、最明寺（時頼）、巡国のため東行す。寵姫唐糸《からいと》のことを聞き、哀哭《あいこく》にたえず、その冥福をすすめんがため、弘長二年、絶えたる旧跡を継ぎ、廃《すた》れたる名藍を興《おこ》して一精舎を建つ。改めて、護国寺と号し、臨済をもって宗となす（後略）（原漢文）

と。

これは、津軽護国寺の来歴を伝える記事である。一見して、どうであろうか。

そのむかし、平等院と呼ばれていた古跡には、常陸阿闍梨という僧がおり、この僧に帰依した時頼の伯父重時のとき、この平等院は霊台寺に改めたという。

その後、年月が流れ、この霊台寺が荒廃していたところに、時頼が巡国してきた。

この地で、年来寵愛してやまなかった唐糸のことを、時頼は耳にする。往昔《むかし》のことを、想うにつけ哀哭を禁じえない時頼。

時頼はついに、唐糸の冥福を弔《とも》わんがため、精舎《しょうじゃ》を建てた。護国寺《ごこくじ》がそれで、宗派は臨済禅に属すという。

今度《こたび》の時頼の津軽護国寺への旅は、これまで私たちがみてきた松島寺・立石寺・蚶満寺とも、一味違う。

そう、それは唐糸をめぐる情愛のストーリーがこの護国寺の旅を演出しているからである。このストーリーは、かなり附加的部分を残しつつも、『津軽一統志』の伝える、平等院→霊台寺→護国寺という寺院の来歴と、時頼による臨済禅寺としての護国寺の建立は、相当程度、信憑性の高いものと考えられる。

津軽護国寺の建立も、私たちのいう幕府の「禅密主義」にもとづく、宗教指導の一環として、営まれたのである。

時頼の東国への旅は、史料的にいえば、この津軽を北限とする。が、時頼自身の廻国の形はとらないが、時頼の廻国と密接に関わる事が、一、二ある。

その一つが、『地蔵菩薩霊験記』の伝える「建長寺ノ地蔵、夷嶋へ遊化ノ事」である。

建長寺の地蔵と夷嶋

少し冗長ではあるが、引いてみることにしよう。

往日、鎌倉ニ安藤五郎トテ武芸ニ名ヲ得タル人アリケリ。公命ニヨリ夷嶋ニ発向シ、容易《たやすく》、夷敵ヲ亡《ほろぼ》シ、其《その》貢ヲソナエサセケレバ、日本《ひのもと》ノ将軍トゾ申ケル（中略）爰《ここ》ニ、彼ノ五郎、年来地蔵ヲ信ジ、長《たけ》三尺ノ地蔵ヲ造立シ安置シ奉リ、誦経礼拝ヲコタラズ（中略）或《ある》時、夷《えぞ》ドモ悉《ことごと》ク参リテ申ケルハ、アノヤウナル人、我国ニモアリ（中略）コレヲ、カシラハゲノ小天道トゾ云《いい》合ケル（中略）其比《そのころ》、建長寺ノ本尊ハ一千一体ノ地蔵ニテアリシガ、中尊ノ持タマヘル錫杖《しゃくじょう》ヲ盗人ノ奪タリトテ沙汰シケリ。五郎、此《この》錫杖ヲ（中略）建長寺ヘゾ持参シテミレバ、住僧、請取《うけとり》、是《これ》ヲ見ルニ、本ノ錫杖ナリ。

この「蝦夷管領」の安東五郎が夷嶋《えぞがしま》（今の北海道）に発向し、併せて信心深い五郎に朝貢してくる夷嶋の夷たちが「カシラハゲノ小天道」と崇《あが》めるものは、実は鎌倉建長寺の地蔵であったとする話には、これまで私たちが、松島寺・立石寺・蚶満寺・護国寺にみたような、時頼自身にまつわる直接的な形での廻国の形跡はない。

しかし、直接的ではないにしても、この話に、時頼と臨済僧蘭渓道隆が形造る建長寺を中核とした、「禅密主義」がその背後にひそんでいることは、容易に読み取れよう。

これは、その意味で、時頼の廻国伝説のひとつの変形とみていいだろう。

この変形的な時頼伝説の原型となったのは、「時頼の二つの顔」の章でみた、『吾妻鏡』の建長五年十一月二十五日の「建長寺供養」記事であることは、明白である。

中世の夷嶋に至るまで、時頼の廻国伝説が波及している事実に、私たちは、幕府の「禅密主義」による宗教指導の拡がりの大きさを、改めて思い知らされる。

この「禅密主義」が幕府の臨済禅と真言密教を重用するところに成立する以上、北奥地域の改宗も、何も臨済禅への改宗に限らないのは、理の当然である。

時頼自身、鶴岡八幡宮の隆弁への帰依にみたように、真言密教に対しても、臨済禅と同様、深く頼むところがあった。

津軽山王坊の改宗

古代にあって、「東夷酋長」「六箇郡之司」として北奥を領導していた安東氏の祖安倍氏の営んだ天台宗の津軽山王坊が、実は、天台宗から真言密教に改宗した。この改宗の時期は、時頼の没後の時宗《ときむね》か貞時《さだとき》の頃である。その意味で、この改宗は、時頼の奉じた「禅密主義」政策の延長とみなすべきであろう。

その津軽山王坊の真言密教への改宗を伝えるのは、次の『日蓮遺文』である。

去文永五年の比《ころ》、東には俘囚《えぞ》をこり、西には蒙古よりせめつかひ（責使）つきぬ。日蓮シテ曰ク、仏法ヲ不レ信なり。定て調伏をこなわれずらん。調伏は又真言宗にてぞあらんずらん。かく法華経はめでたく、真言はをろかに候に、日本のほろぶべきにや、一向真言にてあるなり（中略）真言をもって蒙古とえぞとをでうぶくせば、日本国やまけんずらん。

ゑぞは死生不知のもの、安藤五郎は因果の道理を弁《わきま》へて、堂塔多く造りし善人也。いかにとして頸をばゑぞにとられぬるぞ。

時頼と運命的な対決をとげた「法華経の行者」日蓮が、文永五年（一二六八）のころ、東に「エゾの反乱」が起ったと、報じている。

そして、日蓮は真言宗批判の脈絡に立ちながら、この「エゾの反乱」と蒙古襲来を、真言密教の加持祈禱で調伏するなら、日本国は敗北するだろうと、警告している。

さらに、日蓮は、因果の道理をわきまえ多くの堂塔を造った「蝦夷管領」の安藤五郎が、「エゾ」に殺害されたとも報じ、それを不思議に思っている。

安東氏が、エゾに殺害されたのは、二つの史料から類推すると、先祖の安倍氏以来の「津軽山王坊」などを、天台宗から真言密教に改宗したからである。

前の二つの『日蓮遺文』は、このように、間接的ながらも、「津軽山王坊」が天台宗から真言密教へ改宗したことを、私たちに教え示す史料でもある。

時頼ないしは幕府の志向する「武家的体制仏教」は、「禅密主義」に拠りながら、北奥地域の拠点寺院を、天台宗から臨済禅および真言密教へと改宗させていったのである。

ここに私たちは、幕府の改宗＝宗教指導という名の「宗教的祭祀権」の巨大さを、改めて知る思いがする。

しかし、時頼の廻国の時期については、松島寺・立石寺・蚶満寺そして護国寺と、その伝えるところ、全くまちまちである。

それは、姿・形をやつしての「微行《びこう》」であるから、結果としてそうなるのは、当然といえば当然である。

「微行」とはいえ、時頼の廻国は、本当に史実として、存在したのであろうか。単なる虚構なのではなかろうか。

まさに、時頼をめぐる最大の謎、私たちの最大の関心事に対して、結論を出すときがきた。

「微行」である以上、廻国の絶対的な年時を確定することは、しょせん、できない。が、廻国の可能な時期と、その形態を探ることは、時頼の廻国の謎を解く上でも、不可欠である。次に、節を改めて、少し検討してみることにしよう。

廻国の時期と形態

時頼の廻国の可能性の高い時期を、どこに求めるかは、かなりむつかしい課題である。

正嘉二年の北奥

つまり、『吾妻鏡』は、正元元年（一二五九）と弘長二年（一二六二）の記事を、なぜか欠いている。

が、その一つの糸口を見つける鍵が、『吾妻鏡』の欠落記事に潜んでいる。

この二つの年に、時頼の「微行」という形の廻国を関連づけて考えると、時頼が執権を辞し、比較的自由な時間のとれる正元元年の方が、死の前年の弘長二年よりも、蓋然《がいぜん》性が高い。

正元元年、時頼が北奥へ旅立つ。それでは、弘長二年ではなく、正元元年とする歴史的な証拠があるのだろうか。私たちは、その傍証として、二つの根拠を持っている。

まずその一つは、正元元年の前年の正嘉二年（一二五八）に、時頼はもちろん、幕府が一貫して「東夷成敗」の地として、その経営に当ってきた陸奥・出羽の両国の中に、いささか不穏な事態があった事実である。

その様子を、『吾妻鏡』は次のように伝える。

近日、出羽・陸奥国に夜討・強盗蜂起するの間、往還の輩その煩《わづら》いあるの由、風聞す。もっとも不便《ふびん》。これひとえに、郡郷の地頭等、先の御下知を背《そむ》き、無沙汰《ぶさた》の致すところなり。はなはだその謂《いわれ》なし。早くその郡知行の宿々に屋舎を建て置きて結番せしめ、殊《こと》に警固せしむべきなり。かつは悪党を籠《こ》め置くの所々、見隠し聞き隠すべからざるの旨、沙汰人等の起請文《きしょうもん》を召し進ぜらるべしてへれば、仰《おお》せによって、執達件《くだん》の如《ごと》し

正嘉二年八月廿日
武蔵守（長時）
相模守（政村）

幕府は、正嘉二年の八月二十日、陸奥・出羽両国に、夜討・強盗・蜂起が発生している

報をうけ、その厳しい対策を地頭に命じたのである。

このような隠やかならざる事態の発生は、日頃より北奥の地に対して、人に倍する関心を持っていた時頼にとっては、人ごとではなかった。

時頼にとって、この北奥地域は、政治的、経済的には勿論、義経や泰衡の霊を鎮める「鎮魂供養」の地として、宗教的にも、決して等閑しえない地域であったのである。

思うに、正嘉二年八月に起きた出羽・陸奥両国のこの社会不稳の一件が、時頼をして、その翌正元元年、東《あづま》の国へと旅立たせたのである。

時頼もまた、文治五年（一一八九）に頼朝が出征した東国へと、旅立った。それは、頼朝の入部から数えて、約七十年後の旅立ちであった。

では、時頼の廻国の年時を、正元元年とするもう一つの根拠とは、何か。

ある一つの潜行

それは、正嘉二年に起きた御家人の殺害事件のときに、ほの見えた時頼のある言動の中に潜んでいる。前の「時頼の二つの顔」で、少し述べたように、正嘉二年八月十六日、御家人の諏訪左衛門入道が、伊具四郎なる武士を殺害する事件が勃発した。

この加害者の入道が、その事件について黙して語らないまま、極刑になろうとする直前、

「専断」と「恩情」の為政者時頼は、次のような計らいをした。

今日、諏訪刑部左衛門入道、梟罪《きょうざい》せらるところなり。この主従、ともにもって、分明白状を進ぜず。ここに、相州禅室（時頼）、賢慮をめぐらされ、人なきの時をもって、潜《ひそ》かに、諏方一人を御所に召し入れ、じかに仰せ含めらる。（『吾妻鏡』、原漢文）

時頼は、斬罪が決定しているとはいえ、何らかの救済を構じようと、その「恩情」の心を諏訪入道に向け、人目につかないように、見計らって、入道を御所に召し入れたのである。

私たちが見すごしてはならない大事な根拠とは、まさにこの「人なきの時をもって、潜かに、諏方一人を御所に召し入れ」た行為そのものである。

人目を避けながら、「恩情」の心を施そうとするこの言動ないし行為は、時頼の姿・形をやつして行脚する「微行」と、行動心理の上で、相通ずるものであることは、多言を要さない。

この「微行」を暗示して十分な言動が、正元元年の前年である正嘉二年にあったことは、何とも象徴的である。

出羽・陸奥地方に発生した不穏な騒動、御家人を潜かに救おうとした「恩情」の心、この二つは、期せずして、正嘉二年に同時に生起している。

その意味で、正嘉二年とは、時頼の心を、一気に東《あづま》の国へと誘《いざ》なった年であった。

時頼の廻国は、その翌正元元年、現実のものとなった。

それでは、この「微行」でもある時頼の廻国は、どのような形で行なわれたのであろうか。

「苦問使」の派遣

それを伺う上で、有益なのが、次の『太平記』の記述である。

昔ハ民苦ヲ問フ使トテ、勅使ヲ国々へ下サレテ、民ノ苦ヲ問ヒ給フ。其《その》故ハ、君ハ以レ民為レ体、民ハ以レ食為レ命、夫《それ》穀尽ヌレバ民窮シ、民窮スレバ年貢ヲ備《そなうこと》事ナシ。

この一文は、『太平記』巻第三十五の「北野通夜物語事」の一コマである。

これは、「古《いにし》へ関東ノ頭人・評定衆ナミニ列」なっていたという、年の頃六十歳ほどの遁世者が、過ぎし往事を回想して語ったものである。

それゆえ、史料の信憑性も高い一文であるとみていい。

それによれば、古代には民の窮状を問う「苦問使」が諸国に派遣されていたという。

この古代の「苦問使」の派遣のことに、「専断」の権者にして「恩情」の人である弱者の救済者時頼が、思いを致さないことはない。

為政者として、また仏教者としての時頼が、その撫民と慈悲の心をもって、「苦問使」を潜かに派遣したに相違ない。

恐らく、この「苦問使」派遣に名をとった時頼の「微行」＝廻国は、複数回にわたって行なわれたであろう。

時頼の微行

時頼の廻国の形態には、この「苦問使」派遣ではないもう一つの形態があった。

これについても、右の『太平記』の「北野通夜物語」が伝えている。

> 遠国ノ守護・国司・地頭・御家人、如何ナル無道猛悪ノ者有テカ、人ノ所領ヲ押領シ人民百姓ヲ悩スラン。自《みずから》諸国ヲ順《めぐ》リテ、是ヲ不《き》レ聞《かず》バ叶《かなう》マジトテ、西明寺ノ時頼禅門、密《ひそか》ニ貌《かたち》ヲヤツシテ、六十余州ヲ修行シ給、

時頼自身、人民百姓の窮状を救うために、ひそかに姿・形をやつして修行していく、文字通り「微行」を行なっていたという。これこそ、私たちのいう「中世の黄門」の「微行」という名の廻国である。

この時頼自身が旅へと赴くパターンは、前の「苦問使」派遣に比べて、回数がそう多くはあるまい。

私たちが前にみた、正嘉二年の二つの出来事を前提にした正元元年（一二五九）の「微行」が、数少ない時頼個人による廻国であろう。

時頼の廻国は、それが「苦問使」派遣の形であれ、個人自身の「微行」の形であれ、限りなく史実に近い確度で、営まれていたと考えられる。それを、むげに後世の単なる虚構として、一方的に排するのは、逆に、早計のそしりを免れえない。

このように、二つの形態が想定される時頼の廻国は、これまで私たちがみてきたように、東《あづま》の国だけであろうか。答えは、否である。

「政治の旅」と「宗教の旅」

時頼が旅の足を運んだのは、東国だけではない。西国へも旅立っている。例えば、『太平記』が伝えるのは、摂津国（今の大阪府）難波《なんば》の浦であるし、謡曲「藤栄《ふじのさかえ》」の伝えるのも、同じく摂津国芦屋《あしや》の里である。

その一方、古来から有名な謡曲「鉢の木」の舞台は、上野国佐野（今の群馬県高崎市の一部）である。

このように、時頼の廻国先は、紛れもなく、日本の西と東に及んでいる。

が、私たちは、その広範囲にわたる時頼の廻国について、ある特徴的な事実を予測できる。それは何か。

時頼の廻国の目的が、「鉢の木」の舞台である上野国をひとつの境として、二つの類型に分類されるということである。

上野国佐野より以西の西国への廻国の主題は、どちらかといえば、『太平記』や「藤栄」そして「鉢の木」にみるように、それは経済的な困窮を為政者、時頼が救済する「政治の旅」である。

それに対して、東国への旅には、松島寺・立石寺・蚶満寺・護国寺にみたように、必ずそこには、「中世的な改宗」が伴なっていた。時頼ないしは幕府の拠る「禅密主義」による宗教指導としての改宗である。

この改宗を伴なう東国への旅は、西国の「政治の旅」に対して、「宗教の旅」と規定してよいだろう。

時頼の「微行」に形どった廻国は、西国に向けては「政治」を主題に、東国に向けては「宗教」を主題にした、まさに全国を股に掛けての行脚の旅であった。時頼を「中世の黄門」と評する理由もここにある。

私たちは、このような時頼の旅立ちを、東国を事例としながら、正元元年（一二五九）に求めた。ときに、時頼三十二歳のことである。この推定は、時頼の廻国が「微行」である以上、全くひとつの可能性としての目安である。

私たちにとって、最も大切なことは、この廻国の時期の推定ではない。廻国そのものが史実であったのか、それとも全くの虚構であったかを、歴史的に探査することである。

時頼の廻国が史実とするならば、私たちはその何がしかの客観的な根拠を示さなくてはならない。実は、この作業、「宝さがし」に似て、「言うは易く、行なうは難し」で、かなり難解である。しかし、私たちは敢えて、次にこの難題に挑戦してみることにしよう。

その名も、題して「廻国は虚構か史実か」。

廻国は虚構か史実か

廻国論争の足跡

私たちは、冒頭で、『増鏡』を引きながら、南北朝時代には、もはや時頼の廻国が「中世の黄門」のように、世間に喧伝・流布していたことを確認した。

廻国は伝説

と同時に、この時頼の廻国は、『太平記』が「史学に益ありやなしや」の論調に乗って、史実か、それとも単なる伝説かという一大論争に発展したことについても、少しく垣間見た。

廻国論争ともいうべき、時頼をめぐるこの廻国の真偽について、いち早く論陣を張ったのは、法制史家の三浦周行《みうらひろゆき》氏（一八七一〜一九三一）であった。氏は「北条時頼の廻国説批評」と題する論稿のなかで、こう自説を披瀝した。

比較的多事な時代に際して、其の将来に多大の望を属しつつあつた愛児時宗や鎌倉を見捨てゝ、悠々と全国の大行脚を試みる程の余裕が彼れにあつたとするのは、容易に受取り兼ねる話である。

氏は、このように時頼の廻国に対して、疑念を表明した上で、こう結論された。

時頼の廻国を記載する『増鏡』・『太平記』をはじめ、『鎌倉北条九代記』・『弘長記』などは、
時頼の出家若《も》しくは卒去の時から八九年乃至《ないし》百年前後の間に出来た編纂物であつて、吾妻鏡を始め鎌倉時代の記録や文書、其の他の諸書に一つも載つて居らぬを見ては、所謂《いわゆる》廻国説は後世に行はれた一種の伝説と見るの外《ほか》はない。（ルビは筆者が付した）

と。氏は、一目瞭然、史料論の立場から、時頼の廻国＝伝説と決めつけたのである。ときに、大正二年（一九一三）。

以後、学界はこの三浦氏の、時頼の廻国＝伝説とする見解に同調するもの、それに異を唱えるものと、大きく分かれるに至った。

その中で、時頼の廻国に、一条の事実を見出そうとしたのが、八代国治《やしろくにじ》氏（一八七三〜

一九二四）であった。

八代氏は、三浦氏が問題にした『吾妻鏡』に対して、次のような画期的な考えを示しながら、時頼の廻国＝史実という立場を表明した。

吾妻鏡は決して網羅《もうら》的な記録ではない。幕府政治上の重要な事実で、吾妻鏡にもれているものはほかにもある。また、三年の旅行といつても、三年間ぶつ通しと解さなくともよい（中略）

時頼もときどき微行して、守護・地頭の施政を観察したであろう。

廻国は史実

氏は、『吾妻鏡』といえども、史料再録の点で完璧ではなく、その『吾妻鏡』が欠落している正元元年（一二五九）～弘長二年（一二六二）の三年間全てを、必ずしも時頼の廻国に当てる必要がないことを主張し、三浦氏に対する、廻国＝史実の見解を発表したのである。

学界の情勢は、時頼の廻国＝伝説とする方が、どちらかといえば優勢であったものの、両論が併存する形となったことは、紛《まぎ》れもない事実である。

伝説もまた歴史

この両論の膠着《こうちゃく》状態は、長いこと続いた。そんなある日、閉塞状態の時頼の廻国論争に、大きな風穴をあける一大論考が公けにされた。

豊田武氏の『英雄と伝説』である。氏は、その中で、こう説示された。

虚構と真実とを弁別することは絶対に必要ではあるが、さればといって、伝説を軽視してこれを顧みないのは、歴史の重みと深さを無視したやり方である。伝説となるには必ずそこに何らかの理由があるのであって、伝説もまた歴史であることを、しっかり認識してゆく必要がある。

この「伝説もまた歴史」とする、従前の研究史を一変する見解を発表したのは、氏には、実は、それを裏付ける基礎的作業があってのことであった。氏は、『英雄と伝説』にさきがけ、東北地方の北条得宗領《とくそう》（北条義時以後の家督の直轄所領）を本格的に調査していたのである。

氏は、幕政史と東国地方との政治および経済史的関係を調査した結果を、大略こう発表された。

東北地方は鎌倉幕府ととくに関係が深く、三浦氏滅亡ののち、その一党の所領で北条氏の得宗領となったものが多かったため、時頼の廻国伝説もことにこの地方に多く残されている。

時頼の廻国伝説を、得宗領との因果関係の中で捉える新たなる視角を示されたのである。

氏は、こうした視角から、まずこう述べられた。

時頼が長期間にわたって鎌倉を留守にし、全国を視察して歩いたとは考えられない。『吾妻鏡』には七年間のうち正元元年（一二五九）と弘長二年（一二六二）の記事を欠いているが、『北条九代記』によってもこの両年に廻国した形跡はない。しかし、北条氏の所領を時には微行して視察したことがなかったとは断言できない。

氏は慎重にも慎重に、廻国＝史実を支持する立場を表明したのである。その上で、氏はこう結論された。

たしかに時頼が二、三の地方をまわったことはありうるであろう。

ここに、時頼の廻国＝史実の立場が、俄《にわか》に、現実味を帯び、大きく踏み出したことは、火を見るより明らかであろう。

この豊田氏の見解は、その後、入間田宣夫氏によって、さらに補強されていった。入間田氏は、「中世の松島寺」という論文の中で、東国在地領主が自らの経営する寺院（松島寺や立石寺など）を、鎌倉幕府の祈禱所とすることによって、幕府と結びついていたことを明らかにされたのである。

私も、この豊田・入間田両氏に導かれながら、東国の松島寺・立石寺・蛤満寺・津軽山王坊などの諸寺院が、時頼の廻国によって、臨済禅や真言密教に改宗したのは、幕府の「禅密主義」という宗教史的背景があったことを、拙著『中世国家の宗教構造』や『中世仏教と鎌倉幕府』などで、少しく述べたことがある。

それにしても、時頼の廻国＝史実とする気運は、近年の、「北海道・東北史研究」の長足の進歩によって、年ごとに盛り上っていることは、否めない事実である。

前に私たちは、時頼の正元元年の東国への旅立ちに際して、その史料的根拠を、出羽・陸奥の国情と時頼自身の言動の中に求めていた。それ以外の、もっと有力な裏付け史料は、ないのだろうか。

実は、ここに、その決定的ともいえる根拠史料を二つ持っている。これについては、節を改めて、紹介することにしよう。

廻国を裏付ける二つの史料

時頼の廻国が史実に近い、ないしは史実であることを立証する史料とは、何を隠そう、『鎌倉遺文』の「平政連《たいらのまさつら》の諫草《いさめぐさ》」（原漢文）の中に潜んでいる。

平政連の諫草

この「諫草」はその奥付けによれば、徳治三年（一三〇八）八月、「出雲介の父」とも呼ばれる「筑前権守」の平政連が、ときの権力者、長崎左衛門尉こと、内管領《うちのかんれい》の長崎高《たか》資《すけ》に対して、文字通り、「諫言《かんげん》」（目上の人をいさめ、意見すること）するために、筆を執ったものである。

その内容は、「政術を興行せらるべき事」を初めとする五カ条にわたる。

この「諫草」が、時頼の廻国を間接的ながらも類推しうる根拠となるのは、一つに、これが幕府内部の事情に精通している平政連個人の手になっていることである。二つに、時頼の廻国とほぼ同時代の史料でもあり、史料的信憑性が高いからである。

五カ条の中で、時頼の廻国の裏付けとなるのは、第一条の「政術を興行せらるべき事」に散見する、次の記事である。

(イ)　聖人は世のため出で、賢者は民のために生まる。禅閤（貞時）はもとより、その仁に当たること、諸人みな、この理を知る。すべてもって、退屈なく、なお勤厚あるべし。しからずんば、出世の本懐に相違し、民のための先言、空《むな》しかるべし。

(ロ)　ここに、世のために出でず、民のために生ぜずの由、御返答あらば、支証を立つるところなり。

　まさに禅閤（貞時）、都鄙《とひ》の間、大事を行じしめ、貴賤のうち、少諍もなすべからず、徳仁を兼ぬるは、あに民のための生にあらざらんや。けだし、利国の道を専《もっぱ》らにせり。

(ハ)　なかんづく、先祖の右京兆員外大尹（北条義時）は武内大神の再誕、前武州禅門（泰時）は救世観音の転身、最明寺禅閤（時頼）は地蔵薩埵《さった》の応現と云々《うんぬん》。

つらつら貴下（長崎高資）の在生の作法を思うに、同じく無上の大聖の応化たり。大悲代苦の誓いに愆《たが》うことなく、万歳聞政の心、懈《おこた》ることなかれ。

平政連は、幕臣として、(ハ)に見るように、北条義時・泰時・時頼という「得宗家」の嫡流を、それぞれ、武内宿禰《すくね》・救世《ぐぜ》観音《かんのん》・地蔵菩薩の再現と崇《あが》めながら、内管領の長崎高資も、この伝統に見習い、「大悲代苦」の仏の誓いに違《たが》うことなく、臣下の意見を容れる「聞政」の心を持つべきことを、幕府の命運をかけて進言した。「平政連の諫草」といわれる所以《ゆえん》である。

平政連が、この「諫草」の中で、最も直接的に言及しているのは、(イ)に見える「禅閤」すなわち、九代目執権の北条貞時についてである。この貞時は、時頼が最も信愛し、後事を託した時宗の子、つまり時頼の孫に当たる人物である。

平政連は、当時の政情を語る上で、最も同時代的で、説得的な、貞時の事蹟を挙げながら、長崎高資に忠告したのである。

平政連は、(イ)が如実に語るように、民のために世に出た貞時の本懐のためにも、また、「聖人は世のため出で、賢者は民のために生まる」の格言が空《むな》しくならないためにも、長崎高資の善政を強く望んだ。

貞時の本懐が「民のために出」たことを、もしも、貴下（長崎高資）をはじめ世の人が信じがたいというならば、私はその証拠を出しても構わない。「ここに、世のために出でず、民のために生ぜずの由、御返答あらば、支証を立つるところなり」とは、そういう意味であろう。

こう切り出して、政連はついに、貞時の執権在職中の事蹟をその証拠として、引き合いに出す。(ロ)の「まさに禅閣（貞時）、都鄙の間、大事を行じしめ……利国の道を専《もっぱ》らにせり」の一文がそれである。

政連は貞時の事蹟を、こう評価し位置付けた。

貞時が、都と地方に「大事を行じしめ」、貴賤に争いごとのなきよう、仁政を行なったのを、どうして民のために生まれたのではないと言えようか。貞時は、民のために生まれてきたのである。貞時は国のために専念したのだ。

と。それでは、貞時が、都と地方に「大事を行じしめ」たというのは、どのような行為を指すのだろうか。

「大事を行じしむ」とは

貞時が、都《みやこ》と鄙《ひな》に、「大事を行じしめ」たとは、結論的にいえば、貞時が秘かに、姿・形をやつして「微行」していく、まさに「廻国」のことを指している。

推測に推測を重ねていうなら、祖父の時頼のとき蒔《ま》かれた「微行」という名の「廻国」の種が、この孫の貞時に受け継がれ、ものの見事に開花・結実したことを、政連はそれが「微行」であるがゆえに、「大事」と婉曲《えんきょく》的に表現したのでなかろうか。私にはそう思われてならない。

さらにもう一歩進めて言うなら、この「微行」ともいうべき「廻国」の営みは、貞時の北条得宗家にとって、時頼以来、一貫して秘すべき伝統としての「大事」であった。時頼に始まったこの秘すべき「微行」は、時頼の死後、約四十年を経た今も、孫の貞時の世に、得宗家ないしは幕府の「大事」として、半ば公然の秘事として、継承されていたのである。

とすれば、時頼以来、秘すべき「微行」であった廻国のことが、今この政連の口から、「大事」という二文字をもって、初めて公言されたことになる。

幕臣の政連が、幕運を左右する危亡の秋《とき》、最後の切り札として、「微行」という「廻国」を「大事」の二文字で表出し、もって「政術を興行せらるべき事」の一環にしようとした意味は、測り知れず大きい。

政連は、時頼ではなく、孫の貞時の「微行」を指して、「大事」とした。この「大事」なる伝統的な営みが、得宗家に連綿と流れる血脈を強調する前引の(ハ)から推しても、貞時の祖父時頼にも、十分遡源《そげん》するだろうことは、推測に難くない。

祖父時頼と孫の貞時が、この『大事』を通して、密接不離に結びついていたことを立証する史料が、ここにある。

弘前長勝寺の梵鐘

近年、入間田宣夫氏が解明された青森県弘前市の長勝寺（今は曹洞宗）の梵鐘銘である。私たちのいう、時頼の廻国を裏付ける二つ目の史料である。

その梵銘のうち、関連する部分を示すと、こうである。

皇帝万歳　重臣千秋
風調雨順　国泰民安
　嘉元四年午丙八月十五日
大檀那相模州菩薩
戒弟子　　崇演

当寺　住持　伝法
沙門　徳熙　謹書

銘文中の「大檀那相模州菩薩　戒弟子　崇演」とは、もちろん、北条貞時である。既述したように、『津軽一統志』によれば、この貞時の祖父時頼が、弘長二年（一二六二）、津軽田舎郡藤崎に霊基寺を復興して、護国寺と改めていた。

入間田宣夫氏は、「鎌倉建長寺と藤崎護国寺と安藤氏」という論文の中で、時頼が後半生に最も信をおいた臨済禅僧の蘭渓道隆の拠る建長寺とこの護国寺は、本末関係にあること、さらに、この本末関係を通して、護国寺が幕府の祈禱所となったことを明らかにされた。また氏によれば、銘文中の「当寺の住持、伝法沙門徳熙」の「当寺」とは、護国寺を指し、護国寺の沙門徳熙とは、道隆の弟子の春容徳熙であるという。

このように、長勝寺に現存する梵鐘は、紛れもなく、時頼とその護持僧道隆の法交によって営まれた護国寺に遡源するものである。

そして、この延長上に、孫貞時が嘉元四年（一三〇六）、護国寺の梵鐘を鋳造し、併せて銘文も刻んだのである。

私たちは、そこに、祖父時頼と孫貞時とが護国寺を介して結ばれたその血脈の濃さ、法燈の強さを、改めて思い知る。

そうしてみれば、前に平政連が「諫草」のなかで吐露した「大事」とは、この嘉元四年の護国寺の梵鐘の鋳造と銘文のてん刻をも含む、貞時自身の「微行」を指していたのではなかろうか。

政連が「諫草」を、長崎高資に進言したのは、その丁度、二年後の徳治元年（一三〇八）八月のことであった。

もう一歩進めていえば、孫の貞時は、祖父時頼の「微行」という「大事」を偲《しの》びながら、嘉元四年に、護国寺の梵鐘を鋳造し、自らも得宗家の伝統である「微行」により、津軽まで足を伸ばしたのではなかろうか。

なぜなら、貞時自身も、祖父時頼の「微行」を先例に、廻国していたことが、『太平記』巻第三十五の

後ノ最勝寺貞時モ、追二先蹤一又修行シ給

うという一文によって、史料的に確認できるからである。

因みに、この護国寺は、戦国期のころ、臨済禅から曹洞禅に改まり、寺名も満蔵寺と号し、それが近世に入り、弘前城に移転したのを機に、今の長勝寺の境内に列することとな

った（『津軽一統志』）。

私たちは、以上のように、時頼の廻国の史実性を、「平政連の諫草」と嘉元四年の弘前長勝寺の梵鐘銘文を通して、少しく検討を加えた。

繰り返すまでもなく、時頼の廻国は、あくまでも人目をしのぶ「微行」である。そのため、どうしても、直接的な史料は残らない。これは、ある意味では、当然の結果である。

それにしても、火のない所に、煙は立たない。

私たちは、敢えて、その何がしかの「火と煙」を探し求めた。そして、その結果、時頼の廻国は、かなり史実性に富んだ、限りなく史実に近い営みであったことを知り得た。

時頼の廻国は、後世の「虚構」などではなく、史実そのものであった。私たちは、その「微行」の旅立ちを、正元元年（一二五九）、時頼、三十二歳のときに求めた。まさに、「中世の黄門」の発見である。

全く神秘のヴェールに奥深く包まれた時頼の謎の廻国伝説を、私たちは、なんとか、史実の地平にすえることができた。

時頼のこの廻国という営みは、決して一個人の事業ではない。この事業は、優れて幕政史上に、ある画期をもたらした営為であったに相違ない。
私たちは、最後にそのことを考えて、本書を閉じることにしよう。

廻国の歴史的意義

「禅密主義」の東国蚕食

為政者として、時に「専断」の権をほしいままに、時に慈悲にあふれた「恩情」の心を施した仁政の人時頼といえども、人の子であり、時代の子であった。

改宗の旅人時頼は「中世の黄門」

五代目執権時頼もやはり、為政者として、また仏教者として、頼朝以来の幕閣が営々として志向し、築いてきた「武家的体制仏教」の世界に、その身を置くことを余儀なくされた。

いな、時頼は自ら進んで、その「武家的体制仏教」の世界に入り、自らその実践者となろうとした、と言った方が正しい。

鎌倉時代の約一世紀半に及ぶ幕政史とは、一言にしていえば、幕府が政治・経済だけでなく、宗教・文化の領域においても、一方で公家の世界に学びつつも、一個の自立した公権力に発展していく過程でもあった。

政治・経済の面では、当時の「荘園」制の社会のなか、地頭を中心とする御家人体制を基盤にして、いち早くその自立化を推し進めていった。

それに対して、宗教・文化の面は、ある一定の時間を必要とした。静かなる自立化の営みであった。

確かに、この宗教的自立化の道は、静かな始動ではあったが、一定の宗教路線は、頼朝の治世から方向付けられていた。

私たちのいう、幕府の「宗教センター」たる鶴岡八幡宮を中心とする真言密教の重用という路線である。この基本路線に、北条義時・政子の頃から相乗するのが、臨済禅の採用であった。

ここに、私たちの言う「禅密主義」という幕府に固有な「武家的体制仏教」の世界が形成されることになる。

この「禅密主義」に彩られた「武家的体制仏教」こそは、京都の院政による天台宗を核とした「公家的体制仏教」と明瞭に一線を画す、幕府独自の宗教世界であった。幕府は、この「禅密主義」の「武家的体制仏教」の構築に、自らの公権力の証しを示そうとしたのである。

時頼は、この「武家的体制仏教」の世界の構築に、頼朝を除けば、他の誰よりも、一番意を尽くした為政者であり、仏教者であったように思う。

それはなぜか。答えは、実に簡単。時頼は幕閣でただ一人、幕府の「武家的体制仏教」を、都市鎌倉の外に、地方弘通という形で展開させたからである。本書にいう、まさに時頼の「微行」という名の廻国行脚がそれである。

私たちは、その痕跡を東国の拠点寺院である松島寺・立石寺（山寺）・象潟蚶満寺・藤崎護国寺そして津軽山王坊の中に探し求めた。

時頼のその姿・形をやつした「微行」の行脚は、寺伝のつたえるところ、幕府の「禅密主義」の「武家的体制仏教」を、半ば至上命令的に指導する、一種の宗教指導であった。より端的にいえば、それは幕府による東国に対する「宗教的祭祀権」の現実行使であった。

この宗教的祭祀権の行使の結果、前の東国の有力寺院は、一様に、古代から続いてきた天台宗の看板をはずし、それぞれ臨済禅もしくは真言密教へと改宗していった。

その意味で、時頼こそは「武家的体制仏教」の弘通者であり、実践者であり、改宗の旅人であったのである。

この改宗の旅人時頼の東国伝道が、古来より「虚構か、それとも史実か」で大きく揺れ動いてきた謎の一大命題であったことは、私たちが前に見たところである。

その結果、私は、この時頼の廻国伝道を「宗教の旅」と規定し、それを限りなく史実に近いことを指摘した。

ともあれ、時頼こそは、幕閣の中で唯一、東《あづま》の国々に「宗教の旅」立ちをし、「禅密主義」の「武家的体制仏教」を自ら進んで伝道した「中世の黄門」であった。

「禅密主義」の実践者・時頼

時頼も、頼朝以来、幕府が最も忌避していた天台宗の山僧（延暦寺の僧兵）には、強い警戒感を持っていた。

とりわけ、山僧の商業的行為である「寄せ沙汰」には格段の注意を払っていた。幕府のこの反山門の宗教的スタンスが、現実に形となって現われたのが、真言密教による鶴岡八幡宮の別当職の補任であった。

この反山門のスタンスを、当然、時頼も継承していた。それが時頼の現実の宗教施策となって現われたことは、言うまでもない。

一つは、都市鎌倉を舞台にした「法華経の行者日蓮」との宿命的対決である。もう一つは、時頼自ら「微行」しての東国での改宗である。

前者の日蓮との対決は、日蓮が『立正安国論』の中で、『法華経』の採用を迫れば迫るほど、反山門の立場をとる幕府・時頼から排され、弾圧されるという、宗教構図になっていた。

まさに、両者にとって、宿命的な対決であった。これ以後、時頼も日蓮も、自分の身を置く宗教的スタンスを、それぞれ「武家的体制仏教」、「反体制仏教」と鮮明に打ち出すことになる。

両者はともに、批判意識に敏感であった。批判とは、自と他を区別することである。批判とは、自他を包む全体のうちにあって、自己を区別することである。したがって、批判がないところに、実り豊かな思想は生まれない。

時頼は、日蓮の批判を通して、宗教者としての自己を再確認した。日蓮も時頼を批判することによって、「法華経の行者」としての宗教的個性を磨きあげた。

さらに、時頼はもうひとつ、東国への廻国によって、松島寺・立石寺・蚶満寺・護国寺などの天台寺院を、臨済禅へと改宗させた。

時頼は、この東国への「宗教の旅」の中にも、改宗という名の最も強烈な批判行動を展開した。

幕閣の中で、時頼ほど旺盛な批判者は、他にいない。時頼は、幕府の奉ずる「禅密主義」の最大の実践者であり、その真の意味での、確立者である。

それだからこそ、時頼は死の前年の弘長二年（一二六二）、真言律宗僧の忍性を鎌倉に召し入れ、幕府の「武家的体制仏教」の世界に任ずるのである。

時頼は、それまで、常陸（今の茨城県）の三村寺に長いこと止住していた忍性に、後事を託す形で、「武家的体制仏教」者として、招請したのである。

時頼ほど、私たちのいう、「武家的体制仏教」と「反体制仏教」の思想空間をくっきりと区画した幕閣はいなかった。

ここに、「為政者」と「仏教者」としての二つの顔を持つ時頼の面目がある。

このように、時頼の廻国の歴史的意義は、一口でいえば、幕府の「禅密主義」を自ら率先して、東国の有力寺院に弘通し、それを改宗させた点にある。

表現をかえていえば、時頼は、幕府の宗教的祭祀権を、宗教指導＝改宗という形で、東国の中に行使したのである。

時頼の廻国のもつ歴史的意義は、このように、「禅密主義」の東国蚕食という、仏教史的領域に求められる。

果たして、それだけであろうか。時頼の廻国はもうひとつ、中世国家のありようについても、何かを示唆しているように思う。

世にいう、中世国家は「二つか、それとも一つか」の国家論との関わりである。

時頼の廻国と二つの中世国家

中世国家は二つか一つか

一般に、中世史の本格的な研究は、原勝郎の『日本中世史』（平凡社、一九〇六年）に始まると言われる。

原は、その中で、東国の武家政権を起点とし、武家社会の発展史＝公家社会の衰退史という対極的図式のなかに、中世国家を描こうとした。

この原に導かれた中世史研究も、他の分野と同じく、戦前期にあっては、ファシズムと相俟《ま》った「皇国史観」によって、その研究の自由を奪われていった。

それが、真に近代天皇制の呪縛から解き放されたのは、戦後のことである。

戦後の中世史はもとより、歴史学界の全体にも多大な影響を与えたのは、言うまでもなく、石母田正の『中世的世界の形成』であった。

この石母田の明晰な階級闘争論＝武家発展史観に基づく、いわゆる「領主制」論を通して、鎌倉幕府は東国の公権力として位置付けられた。

しかし、やがてこの石母田の幕府評価に対して、真正面から異を唱える論文が世に出る。黒田俊雄のいわゆる「権門体制」論である（「中世の国家と天皇」『岩波講座日本歴史』6）。ここに、「二つの中世国家」論の口火が切って落とされたことは、言うまでもない。

黒田は、権力機構論の視角から、公家・社寺・武家という支配階級の職能分担の関係を構造的に捉え、国制史上、中世国家は一つしかありえないと、主張したのである。

中世史学界は、この黒田の「中世一元国家」論の出現により、俄かに活況を呈した。六〇年代のことである。

議論の中心は、おおむね、「中世一元国家」論に対する反論という形で推移した。

例えば、永原慶二は、黒田の公家と武家とを同一の封建支配階級として捉えることの非を指摘した（「日本国家史の一問題」『思想』四七五）。

また、佐藤進一も、公家側には統治権的支配、武家側には主従制的支配という別個の支配方式があると反論した（『日本の中世国家』岩波書店）。

この支配方式の相違に加え、石井進は「国家権力」自体の発展性と歴史性にも留意すべきだと主張した（『日本中世国家史の研究』岩波書店）。

まさに、「中世二元国家」論に、再考を迫まる指摘であった。

使い古された一文であるが、『愚管抄』の中で、上総介広常《かずさのすけひろつね》が主君頼朝に、こう進言するくだりがある。

トモシ候ヘバ、ナンデウ朝家ノ事ヲノミ身グルシク思ゾ。タヾ坂東ニカクテアランニ、誰カハ引ハタラセン。

主君頼朝の顔が朝廷に向きすぎることを、けん制した、なんとも自立的で、なんとも気概に燃えた関東武士団の国主観であろうか。この在地的で、しかも現実的な国主観こそ、石井氏の高唱される「国家権力」じたいの発展性と歴史性である。

私たちのみた、あの時頼と運命的な対決をとげた「法華経の行者」日蓮の国主観も、天皇と幕府の併存を認める二元論であった。

が、しかし、黒田は「国家」と「くに」「地域」とは、違うカテゴリーであり、鎌倉幕府の拠って立つ「東国」とは、国家ではなく、「クニ」であると、終生、説き続けた（『日本中世の社会と宗教』岩波書店）。

このように、六十年代以降、活況を呈してきた中世国家論であるが、今後は、「国家権力」の形成過程にも眼を向けるべきではなかろうか。

つまり、「国家権力」なるものが形成されるとき、そこには、上からの権限付与と、土着の現実的な営みの中から創り出される「権力創造」という二つの歴史エネルギーが働くことに思いを致すべきであろう。

幕府の「権力創造」

顧りみれば、鎌倉幕府がひとつの公権力として、朝廷から国制上の承認を得たのは、寿永二年（一一八三）、東海・東山両道の庄園・国衙領に対する領有の公認の、いわゆる「十月宣旨」が初めてであった。

これは、文字通り、私たちのいう「国家権力」の形成方式でいえば、朝廷という上からの権限付与の形である。

以後、幕府はこの権限付与を有力なステップにして、自らの国家権力の形成にまい進する。

幕府は、その一方で、『貞永式目』の中で成文化された寺社をめぐる宗教的祭祀権の創出を、その当初から、鶴岡八幡宮の経営に追求していった。

鶴岡八幡宮を自らの「宗教センター」と位置づけた幕府は、その経営を、真言密教によって固めつつ、臨済禅の重用にも勤めた。

私たちのいう「禅密主義」を核とした「武家的体制仏教」の構築である。

この「武家的体制仏教」の構築が、これまでのような、朝廷からの権限付与などでないことは、火を見るよりも明らかである。幕府の公権力としての自立化の営みである。

すなわち、幕府による「禅密主義」を基調とする「武家的体制仏教」の構築こそが、現実にして日常的な「権力創造」という、もうひとつの国家権力の営みであったのである。

幕府は、天台宗を核とする「顕密主義」の「公家的体制仏教」に対峙しうる宗教世界として、自らの手で、その天台宗を全面的に排除しながら、「禅密主義」の「武家的体制仏教」を創り出したのである。

ここに至れば、前に引いた「中世一元国家論」者、黒田俊雄の

鎌倉幕府は基本的にはあくまでも顕密体制に立脚し、すすんでそれを擁護した権門だった

という幕府評価は、どうやら修正を余儀なくされそうである。

「中世国家は二つか、それとも一つか」という、古くて新しい一大論争は、宗教史的な視座からも、ここに一定の結論が、出された。

日本中世には、一方に天台宗を核とする「顕密主義」による「公家的体制仏教」、また一方に、真言密教と臨済禅を核とする「禅密主義」の「武家的体制仏教」が併存していた。この併存という事実そのものが、宗教史的に、中世における二つの中世国家を証明している。

この二つの中世国家の存在を、幕政史上、最も強烈に、しかも鮮明にアッピールしたのが、「中世の黄門」執権時頼であった。

専断と恩情の為政者・時頼は、東国への「微行」という名の廻国伝道によって、あるいは「改宗」という名の宗教的祭祀権の行使を通して、中世における二つの中世国家の厳存を歴史の中に刻印し、立証した。

執権時頼とは、そういう人であった。

あとがき

時頼の廻国伝道は、限りなく史実に近い。いな、史実そのものである。

時頼は、没後にも、多くの追慕と愛惜の情を集めた。そのため、生前、「大事」とされていた「微行」が、南北朝時代に入ると、堰《せき》を切ったように、『増鏡』や『太平記』の中で、見事に美化されていく。まさに、「時頼の廻国伝説」の成立である。

時頼の廻国は、「微行」の形をとったので、時頼の在世当時から、「伝説」化されていく芽を持っていたことは、事実である。

が、「廻国伝説」として成立したのは、やはり、南北朝期のことである。

言うなれば、若冠三十七歳で逝った時頼は、没後の南北朝期を境にして、「中世の黄門」として、多くの人々の心の中に再生したのである。

その「中世の黄門」時頼は、時間と空間をこえて、現代の私たちにも、息づいている。

時頼はなぜ、あんなに鶴岡八幡宮の隆弁を重用したのか、なぜあれほど、「法華経の行者」日蓮を排除・弾圧したのか、そして時頼自身の廻国の真偽はどうであろうか。

このような二つの疑問と、一つの大きな謎を胸に、探索の旅を続けてきた本書も、そろそろ終ろうとしている。

時頼の廻国については、私なりに以前から関心があり、断片的ながら、少し考えてみたことがあった。しかし、本格的なのは、勿論、これが初めてである。

ちょうど、一年前、私は本書の執筆を、吉川弘文館の編集部次長の大岩由明氏から、お薦め頂いた。

その時、私は、本書を書き上げられるかどうか、全く半信半疑であった。

そんな私を、幸いにも、後押ししてくれることが二つあった。

一つは、山川出版社が企画していた『地域の世界史』全十巻への参加であった。私はその中の『信仰の地域史』で、改めて、国家権力と地域信仰とのことを考える機会に恵まれたのである。

もう一つは、この四月に始動をはじめた『青森県史』の編さん事業に、図らずも中世史部会の一員として参画したことである。北方史の中に、青森県を位置付けようとするこの事業は、十六年を要す全五十巻という企画である。

青森県内のあちこちに、時頼の廻国の痕跡を留める北方中世史。伝承とはいえ、このことが、私をなお一層、時頼にのめり込ませた。

こうした二つの後押しを得ながら、私は本書の準備と執筆を開始した。

しかし、私はその間、何度となく、「時頼の廻国」という巨大な謎の前に、立ちすくんだ。謎解きのむつかしさに直面したのである。

その時、私を最も励まし、勇気づけてくれたのは、豊田武先生の「伝説を軽視してこれを顧みないのは、歴史の重みと深さを無視したやり方である。伝説となるには必ずそこに何らかの理由があるのであって、伝説もまた歴史である」（『英雄と伝説』）という言葉であった。

私事にわたるが、今から約三十年前、私は、豊田先生が勤務されていた東北大学大学院文学研究科国史学専攻を受験したことがある。

当時の国史学研究室の助手は、入間田宣夫先生（現在、東北大学教授）であり、後聞するところによれば、一応、試験の通った私を豊田先生は心から歓迎してくれていたという。

結果的に、私は中世思想史を学びたく、北海道大学の大隅和雄先生（現在、東京女子大学教授）のもとで御指導を賜わり、今日に至っている。

豊田先生が最期まで、「時頼の廻国」のことについて、執着されたことを知るにつけ、私は本書の執筆を、因縁深く思われてならない。

今こうして、何とか稿を終えられそうなのも、これひとえに、先生の御学恩に依るところが大きい。

本書は、決して十分な実りでないかも知れない。しかし今は、「時頼研究」の一里塚として、これをもって、中間報告に替えたい。

最後に、本書の刊行を待つことなく、今春、養生の甲斐なく、逝ってしまった長姉の霊前に、本書を捧げる私のわがままを、お許しいただきたい。執筆中、最も身近なところで、私を何かと支援してくれた妻と二人の娘にも、ちょっぴり感謝しながら、本書を閉じたいと思う。

平成九年九月六日　初秋の函館にて

佐々木　馨

参考文献

黒田俊雄『日本中世の国家と宗教』岩波書店、一九七五年
同　『日本中世の社会と宗教』岩波書店、一九九〇年
奥富敬之『鎌倉北条一族』新人物往来社、一九八三年
豊田武『英雄と伝説』塙書房、一九七六年
小口雅史編『津軽安藤氏と北方世界』河出書房新社、一九九五年
佐々木馨『日蓮と「立正安国論」』評論社、一九七九年
同　『中世国家の宗教構造』吉川弘文館、一九八八年
同　『中世仏教と鎌倉幕府』吉川弘文館、一九九七年

著者紹介
一九四六年、秋田県に生まれる
一九七五年、北海道大学大学院文学研究科博士課程日本史学専攻中退
現在、北海道教育大学教授

主要著書
日蓮と「立正安国論」　中世国家の宗教構造
中世仏教と鎌倉幕府

歴史文化ライブラリー
29

執権時頼と廻国伝説

一九九七年一二月一日　第一刷発行

著　者　佐《さ》々《さ》木《き》馨《かおる》

発行者　吉川圭三

発行所　株式会社　吉川弘文館
東京都文京区本郷七丁目二番八号
郵便番号一一三
電話〇三―三八一三―九一五一〈代表〉
振替口座〇〇一〇〇―五―二四四

印刷＝平文社　製本＝ナショナル製本
装幀＝山崎　登（日本デザインセンター）

歴史文化ライブラリー

1996.10

刊行のことば

現今の日本および国際社会は、さまざまな面で大変動の時代を迎えておりますが、近づきつつある二十一世紀は人類史の到達点として、物質的な繁栄のみならず文化や自然・社会環境を謳歌できる平和な社会でなければなりません。しかしながら高度成長・技術革新にともなう急激な変貌は「自己本位な刹那主義」の風潮を生みだし、先人が築いてきた歴史や文化に学ぶ余裕もなく、いまだ明るい人類の将来が展望できていないようにも見えます。このような状況を踏まえ、よりよい二十一世紀社会を築くために、人類誕生から現在に至る「人類の遺産・教訓」としてのあらゆる分野の歴史と文化を「歴史文化ライブラリー」として刊行することといたしました。

小社は、安政四年(一八五七)の創業以来、一貫して歴史学を中心とした専門出版社として書籍を刊行しつづけてまいりました。その経験を生かし、学問成果にもとづいた本叢書を刊行し社会的要請に応えて行きたいと考えております。

現代は、マスメディアが発達した高度情報化社会といわれますが、私どもはあくまでも活字を主体とした出版こそ、ものの本質を考える基礎と信じ、本叢書をとおして社会に訴えてまいりたいと思います。これから生まれでる一冊一冊が、それぞれの読者を知的冒険の旅へと誘い、希望に満ちた人類の未来を構築する糧となれば幸いです。

吉川弘文館

〈オンデマンド版〉
執権時頼と廻国伝説

On Demand
歴史文化ライブラリー
29

2017年（平成29）10月1日　発行

著　者　佐《さ》々《さ》木《き》　馨《かおる》
発行者　吉川道郎
発行所　株式会社　吉川弘文館
〒113-0033　東京都文京区本郷7丁目2番8号
TEL　03-3813-9151〈代表〉
URL　http://www.yoshikawa-k.co.jp/

印刷・製本　大日本印刷株式会社
装　幀　清水良洋・宮崎萌美

佐々木　馨（1946～）

ISBN978-4-642-75429-3